El día que mataron a Manolete

books4pocket

Tico Medina

El día que mataron a Manolete

ALMUZARA

www.editorialalmuzara.com
info@editorialalmuzara.com
www.books4pocket.com

Material fotográfico del archivo personal del autor,
con especial agradecimiento para Ladis por su proverbial generosidad.
Imagen de portada perteneciente a "Manolete",
film inacabado del cineasta francés Abel Gance.

Diseño de la colección: Opalworks
Diseño de la portada: Talenbook

Impreso por Novoprint, S. A.
Energía 53
Sant Andreu de la Barca (Barcelona)

Fotocomposición: books4pocket

I.S.B.N: 978-84-92801-72-5
Depósito Legal: B-42361-2010

Impreso en España - *Printed in Spain*

A doña Angustias, la madre de Manolete,
que me dio personalmente el título de este libro.

«Como un cuchillo, como una bala.»
Eso es una corná,
Porque raja como un puñal
Y quema como una bala.

—¿Tú crees que el fin del mundo será por la noche?
—No, el fin del mundo será al amanecer.
(James Dean, en *Rebelde sin causa*)

«Más cornás da el hambre.»
(El Espartero)

Sin embargo, en el caso de Manuel Rodríguez:
«Más cornás da el hombre.»

VIDA, PASIÓN Y MUERTE DE UN DIOS SIN SUERTE COMO UN CUCHILLO, COMO UNA BALA

EN EL PASEÍLLO

Ésta es una crónica escrita a saltos, de tigre o de liebre, pero es eso, ni más ni menos, una serie de entrevistas ahora atadas con la soga de una actualidad que no cesa, sigue fresca la sangre del torero.

Puede dar la sensación de ser eso, un libro apretado de conversaciones, pero son los testimonios en directo, a veces grabados, a veces a 'vuela pluma', de aquellos que estaban allí, incluso de los que aparecieron antes en la luz y la sombra de este ser humano, a veces divino, que tuvo al final la suerte de una muerte en el momento exacto, necesario, para resplandecer aún en la leyenda.

Los he querido dejar como están para no cambiar el nervio ni el compás del documento. Están como sueltos, ya lo sé, pero es como fueron recogidos hace un tiempo. Muchos libros, y buenos, se han publicado sobre el torero —unos mejores que otros— pero está hecho desde la verdad de los últimos días del torero, asesinado en la pelea que era su vida y que fue su muerte. Pero al final todos, todos, coinciden en lo mismo: no fue el toro Islero el que cogió al torero, aquel hombre de luces que era una sombra de sí mismo, sino que fue Manolete quien, en el último momento, cogió a Islero, que no es lo mismo.

Muchos tuvieron que ver esa decisión final que el 'Monstruo' se llevó a la tumba, pero no es la historia de un suicidio, sino de un asesinato múltiple lleno de nombres y de circunstancias.

A PORTAGAYOLA

COMO USTEDES SABEN, RECIBIR A PORTAGAYOLA ES, SEGÚN EL COSSÍO, DICCIONARIO DEL TOREO Y CONSULTORIO NECESARIO PARA CONOCER MÁS A FONDO LA SUERTE Y LA MUERTE DEL TORERO, «HINCARSE DE RODILLAS ANTE LOS TORILES, POR DONDE SALE EL TORO, Y DARLE LA CARA, DE FRENTE, CON EL CAPOTE ABIERTO Y SUELTO DE UNA SOLA MANO, DE MODO Y MANERA QUE, DE UNA FORMA ESPECTACULAR, TE LO JUEGUES TODO A UNA SOLA CARTA».

Dicho lo cual les hago saber que aquí me tienen, a la puerta de este libro que tenía que haber escrito, como poco, hace cuarenta años, desde aquel día, aquella tarde, que bajé hasta Córdoba para hablar con la madre de Manolete sobre la vida y la muerte de su hijo —exactamente cuando me dijo lo que me dijo.

—Hablemos, joven, yo le quiero contar el día que mataron a mi hijo.

Era una acusación tremenda, feroz, inmediata, a las primeras de cambio. Me pasé mucho tiempo tirando de hilos diversos, enmarañándome, a veces, en rollos literarios con mucha metáfora y poca carne, verdades a medias —vaguerías del oficio—, pero ya entonces comencé a hablar con todos, con los que estaban allí aquel día, con los que le tuvieron cerca en su juventud, y con los que le dieron de todo, alegría y tristeza, para que el mito sobreviviera, se sobreviviera a sí mismo. Sin embargo, sólo publiqué una serie larga, la «Crónica de la Sangre», con todos los personajes del drama dentro, aprovechando, además, el viento de cara de una serie de radio —de la que guardo todos los sonidos— y, por si fuera poco, una especie de repetido en la televisión, entonces única, la española. Pero me quedaba siempre, siempre, el libro, que nunca terminaba del todo, o por falta de tiempo —siempre de la ceca a la meca—, o por exceso de afecto —me estaba protegiendo a mí y a muchos de los que tuvieron la culpa de aquella tarde del veintiocho de agosto del cuarenta y siete en la que en el mundo ocurrieron cosas diversas, pero ninguna tan inmensa como ésta, cuando se paralizó el viejo corazón de España.

EL MUNDO AQUEL DÍA
28 DE AGOSTO DE 1947

Hace calor —acaban de derramarse en el cielo las lágrimas de San Lorenzo—, ha llovido en el Norte y hay aviso de chubascos en Andalucía. La tarde está quieta, pesada, como de plomo. Pemán escribe en ABC un artículo sobre las murallas de Cádiz y, a su vera, Agustín de Foxá. Los dos hacen sangre, lloran en memoria de la pólvora que sembró de muerte Cádiz por una explosión aquellos días. El premier inglés vuelve de sus vacaciones a Londres y se entrevista con varios de su colaboradores. Un escolapio aragonés asegura que se va a traducir *El Quijote* al latín. El embajador argentino visita Santander. En Oviedo se inaugura el curso de verano en la universidad. Llega al mundo —y el mundo ni se conmueve— una noticia inquietante: han degollado a más de doscientas personas en Lahore. Arturito Pomar juega al ajedrez en Almería. Se estrena «Laureles de España» en la Comedia de Madrid. En Las Palmas se recibió ayer al Real Madrid. Rovira pide a Perón que se autoricen las corridas de toros en Argentina. El pan continúa racionado en España, más que nunca: el gobierno autoriza doscientos gramos de pan por día y ser humano.

Con el cupón en la mano usted puede conseguir dos kilos de patatas, en cualquier lugar de la geografía nacional, por sólo uno cuarenta el kilo. Los emigrantes judíos del barco Ocean Vigour proclaman a bordo: «Antes que se nos desembarque en Hamburgo nos echaremos todos juntos al agua. Nosotros sólo descenderemos en la tierra prometida».

Y tal día como este veintiocho de agosto del mil novecientos cuarenta y siete Manolete torea en Linares, con «Gitanillo de Triana» y Luis Miguel Dominguín. No sé por qué exhumo todo esto ahora —tal vez con este prólogo de almanaque le reste atención, o pasión, o verdad, a lo que quiero contarles—, porque lo que quiero que sepan es lo siguiente:

CUANDO UNA ARRUGA EN LA CAMA ES UNA CORDILLERA

Primero, que escribo bajo coacción, que estoy sometido a una presión insoportable, que no puedo más, que el dolor me invade pero que, no obstante, escribo desde hace siete meses, desde aquel día, aquella tarde de invierno en Sevilla en que, en la placita del torero Ortega Cano, en «Yerbabuena», sentí como si una sierpe metálica y ardiente me bajara por la columna vertebral. Sentado en la grada de la plaza en la que toreaba, otra vez de luces, el cartagenero —siempre entre el sí y el no del adiós o el retorno—, el cuerpo ha sido para mí, lo sigue siendo, el mío, un infierno, el calvario, la calle de la amargura ante el Generalísimo Franco. Porque les estoy escribiendo desnudo, en pelotas, como mi madre me parió, con el bicho, un 'herpes Zóster' inmenso, dentro de mí. Un alienígena ciego que se mueve por mi vientre, por mi costado izquierdo, por mi espalda, como si me fuera a devorar. Lo está haciendo: me está comiendo por dentro. Sé que el herpes no mata, pero si les puedo decir que te agoniza. Me han visto todos los médicos del mundo —posibles e imposibles—, curanderos de puñado de pólvora y de bote de tinta Pelikan. Me han recetado pócimas y analíticos y he andado, muchas veces por prescripción facultativa aunque a veces dentro de la línea de seguridad, cerca de los opiáceos —la morfina me acompañó en ocasiones. He pasado por la franja roja, inmensa, de esa cicatriz que va desde la columna vertebral hasta casi los cojones, mis cojones, estampas de santos, cremas de monte, pócimas de sierpe y hasta estampas de fray Leopoldo de Alpandeire. Pero no ha tenido este hijo de puta del herpes tregua ni descanso conmigo. A veces me clava un cuchillo de monte con muescas; a ratos me abrasa como una plancha, de aquellas de hierro negro con las que se arreglaban las camisas de los señores en los sótanos de las casas marquesales. He llegado a estar, y a veces estoy, en esa coyuntura espléndidamente definida de aquel día frío, en la calle. Casi nieva en las cuencas de los dos ríos. César González Ruano, fumando como Mao, con sus delgadas manos quemadas de marfil, al pie de un escudo falso en la mitad de una inmensa cama ducal:

—Medina, soy yo, pero en ese momento de dolor en el que un pliegue en la sábana de la cama se convierte en una cordillera...

Cierto. He tenido, a veces, momentos de lucidez —que espero se noten en lo que he escrito— y ratos de cólera incontenible en los que sólo me ha mejorado el grito irracional, el mío. No ha habido descanso para mí en estos siete meses, desde aquel primer día de la clínica de la Luz —cuando comenzó el asombro del herpes supurante y sangriento sobre la mesa del quirófano—, hasta ayer mismo, en otra clínica del dolor, la del doctor Guillén, donde saben tanto del dolor de los huesos. Pero éste es un dolor del alma y ese un asesino alienígena sin ojos que me camina, una rata de cuartel que está royendo sin parar, de día y de noche, mis entrañas. Hasta el tratamiento de ozono, que parece que me sirve para algo...

Lo cuento por una razón fundamental: para justificarme y para decirles a ustedes que yo también, en esta ocasión, estoy herido de bala y de cuchillo. Porque ésta es también una cornada del toro de la vida que me está partiendo en dos, que está arruinando lo poco que quedaba de este viejo cuerpo, tan lleno de la metralla y las cicatrices de la palabra y de la vida.

A veces, ahora mismo, la escobilla de acero ardiente del herpes me está cruzando el ombligo: escarba la bestia en su agujero. No sé lo que va a ser de mí, pero tengo que seguir adelante, ya no puede esperar ni un día más este libro de Manolete, desde Manolete, con Manolete —por cierto, el único con el que no pude hablar porque se fue antes de que yo llegara. Sí les quiero decir que, a veces, el Zóster me duele tanto, tanto, que me arranco hasta el anillo de compromiso que llevo en el dedo anular desde hace cincuenta años, por si me puede aliviar el oro de su atadura. Además, mientras he escrito, lo he hecho bajo la horma del dolor y la sombra de un «héroe asesinado». He ido preguntando, sabiendo, reuniendo datos, y ahora resulta que me he quedado solo, a solas con los últimos de Filipinas que permanecen. Hoy me llega, por ejemplo, desde no sé dónde, una carta con sobre y fotografía. Ahí está el Medina, servidor, preguntando lo mismo desde hace tantos años, por Manolete y su destino; alimentando, por un lado, al monstruo que me devora insaciable y, por otro, la esperanza de que al hacer el volapié, ya mismo, me quede entero, vaciado como un pellejo de cerdo que espera al vino, al aceite de un nuevo libro.

Le puedo decir, debo decírselo, que he encontrado a mucha gente, conocida y desconocida, que ha sufrido lo mismo que yo y que vive para contarlo, porque una vida humana se divide en dos partes: antes y después del herpes. Esa bajada de defensas que a María Teresa Campos, por ejemplo, la tuvo viviendo como despavorida, enloquecida, corriendo con el fuego dentro en su casa magnífica de las afueras de Madrid, recién estrenada hace años:

—Era un herpes Zóster que me cruzaba el pecho entero, aquí, bajo los senos. No tenía, te lo juro, remedio ni consuelo. Estaba encerrada con la luz apagada, rogando a la misericordia divina que me quitara lo que fuera, aunque fuera la vida.

Le duró seis meses y un día, una condena. A mí me lleva asfixiando ya hace más de un año. No sé qué estaré penando, porque este castigo, además, coincide, día a día, hora a hora, página a página, con este libro de Manolete que ya tenía que haber escrito hace tanto tiempo, tantas veces. Lo ha tenido —el herpes, digo— mi compadre Curro Romero y le duró mucho, muchísimo. A veces sale este golpe inflamable, porque está ahí, el virus, dentro, como el de la varicela. Lo llevamos todos y si no la hemos pasado, un día, en un mal rato, en un traspié, en un descuido físico o psíquico, despierta de su sueño mortal, ignominiosamente. Me cuenta Curro Romero que estuvo sin poder torear meses y meses y que, aún hoy, se le aparece como un látigo en algún sitio de su pierna herida, tanto que casi ha perdido, perdió en su día, el movimiento en dos dedos de su pie. Un desastre. Mi compadre me dio las señas de un curandero del Sur, por si acaso, «por ir no pierdes nada», de junto al Guadalquivir, que le habían ofrecido los Del Río. No lo hice, pero si he consultado con santones de barbería, con damas de rostro de Papa y manos de fuego, y madres Teresa de la Barranca que me han puesto la mano encima. Ni por esas. Imposible. Insisto en que escribo como el que mea, esperando que, de una vez por todas, se me vaya la piedra de este largo cólico nefrítico.

A veces también juego con las palabras y me llamo «Herpético Medina». Hubo un momento en que se convirtió, casi, en un suceso nacional y no por mi culpa, sino por si en alguna conferencia tenía algún renuncio y me caía de pronto al suelo, o me retorcía como un endemoniado —que supieran lo que vale un peine. Para justificarme de cualquier cosa, la Pantoja me dio un día unos consejos a pie de AVE, mientras fumaba un cigarrillo, escapada y escoltada por los paparazzi:

—Yo también lo he tenido, aquí, en esta parte —y se señaló bajo las tetas—. Me tuvieron que internar. ¡Dios mío, qué dolor tan grande!, porque estaba a punto de ahogarme la voz, de partirme en dos...

Me contaron, más tarde, que se lo había curado de urgencia en Membrilla, un pueblo melonero de La Mancha donde hasta hace poco vivió una anciana que disfrutaba de la sabiduría y la santidad de curar los herpes, aunque fueran Zóster, con sólo imponer sus manos de campesina de Zabaleta.

Literatura. Ya sé que es literatura, pero es una justificación de la tardanza y de cómo ha sido escrito este raro documento, mano a mano, como un cuchillo, como una bala, con el torero muerto. A veces, anoche mismo, en los vapores de lo que me ha sido prescrito por los doctores cualificados en el dolor —esa gente sabia, única, a la que en los hospitales no hacen demasiado caso, cuando el dolor es lo más grande, el dolor es lo que más duele en el mundo— se me aparece el torero, Manolete, para decirme alguna cosa. Doy mi palabra de que es cierto lo que digo: lleva puesto el traje rosa pálido y un brote de sangre fresca en la ingle.

—¿Qué tal, cómo va eso?

—Pues ya me ve, tomando notas a oscuras, porque no me puedo sentar al ordenador.

—A ver si lo terminas de una vez y me dejan en paz con tanta mierda como están echando sobre mí, desde hace tantos años. Y si puedes, debes decirles que de mí no me gustaba nada, que no quería mirarme al espejo ni cuando me echaba el 'Floyd' para afeitarme. No me gustaban mis orejas de soplillo —donde me han dado tantas palometas en la escuela—, no me gustaban estas bolsas de los ojos y, sobre todo, lo que menos me gustaba, te lo voy a decir para que lo sepas de una vez, era mi nombre. Manolete es un nombre de escuela. Ya sé que 'Manolete' se llamaba mi padre, mi pobre padre, pero que sepas que a Manolete hubiera preferido, por ejemplo, por ejemplo... Manuel Rodríguez, el 'Califa'.

Lo anoté en la oscuridad, esa ardiente oscuridad de las persianas bajadas, en la tarde ardiente —que luego no sé traducir caracteres cirílicos—, muy cerca de aquello que un día escribí en un papel cuando yo era reportero de verdad y vivía y moría sólo para contarlo. Untándome el ácido lisérgico, que estaba llegando a España en un terrón de azúcar, anoté: «naranja, naranja...»

Ayer hice una buena crónica moviendo los dedos sobre un tablero desvaído que no existía. No señor, lo escribiré en el ordenador. Pero me sirvió de poco: en un mal paso se lo tragó la tierra, la vida, se fundió, se me fue el documento y tengo a mis hijos lejos que tanto me ayudan en esto. Pero hoy he vuelto a sentarme, sudado, trastocado, con la espalda pegada a la madera de la silla dura que necesito, porque es cuando únicamente el herpes Zóster me deja respirar —que a veces hasta me ahoga, porque le aplasta contra sí mismo, y el bicho, a ver si encuentro el verbo apropiado, se aplasta, se arruga, pero no deja de respirar su aroma de fuego y de hielo al mismo tiempo. Lo volveré a escribir otra vez, qué remedio me queda, pero tenía que decírselo a ustedes para que supieran de qué va mi tardanza.

Me preguntan por dónde voy, pública o privadamente.

—¿Cómo va lo suyo, Maestro?

—¿Me explica qué es lo mío? Porque tengo tantas cosas que justificar...

—¡Pues qué va a ser! ¡Cuándo termina ese libro interminable, que parece que está usted esperando a que resucite el 'Monstruo'!

O también:

—Me refiero al herpes maldito que le acompaña y del que tanto habla. Me han dicho que el otro día el Rey se interesó por su estado de salud, por su herpes, y que le mandó un saludo a través de su director de prensa, Cebrián, que además es embajador de España y nacido en la sierra de Córdoba.

—Así es. El rey también tuvo uno que le cruzaba la mejilla, como el rasponazo azul, claro, de un corte de navaja, casi como una cornada de espejo. Lo llevó durante un viaje a México y por eso tuvo necesidad de dejarse la barba...

—Sí, yo estaba allí, de corresponsal de televisión, el día que él vio el piano de Agustín Lara en el casino español. Los periódicos le llamaron aquellos días, que además hubo algún problema con Guatemala. Juan Carlos de 'Barbón'...

UN LIBRO ESCRITO NO EN ESTADO DE GRACIA, SINO DE DESGRACIA

Pero era sólo un nervio de punta, no este paquete suelto que me acompaña, un millón de músculos cortados por una navaja haciendo la puñeta todo el día y a todas horas. Me importa un huevo, tengo que terminarlo y tengo que terminarlo. Pero eso sí, quiero que sepan ustedes que está escrito este libro no en estado de gracia, sino de desgracia, que no es lo mismo, y que por fin tengo que descubrir la última carta, por qué murió Manolete la madrugada del veintiocho de agosto del cuarenta y siete, que él mismo me lo dijo. Cierto, «lo mataron», sí, pero todos, todos, hundimos con él el estoque, hasta los gavilanes. Todos estábamos deseando beber de su propia sangre, arruinada, vieja, porque no fue una fuente lo que saltó de su herida aquella tarde, sino más bien un grifo.

Así que, a por el volapié voy. Este es un documento que está escrito desde la verdad, tal vez intentando salir al paso, de alguna manera, sin ánimo de arreglar el mundo, claro, de lo que se va a escribir estos días de Manolete, en todos los sitios, con motivo de esa película que hasta ahora ha estado maldita: la quiere todo el mundo, pero nadie termina de comprarla. Tengo ese compromiso.

(No corre un pelo de aire. José Tomás, que sueña con ser de mayor Manolete —hasta su perro tiene ese nombre—, ha toreado anoche y ha vuelto a inmolarse. El toro del Puerto le ha dado dos cornadas en el culo y una tercera casi en la garganta. Está más tiempo en el cielo que en el suelo).

Quizás toda esta historia merezca la pena de ser contada, porque igual, cuando la acabe, se me muere el bicho en la estocada. No es una broma, tengo esa rara sensación. O sea, que escribo para curarme, o como terapia, como «torapia», a ver si de una vez por todas lo mato. Aunque supongo que estaré en su día en los papeles de la medicina, que la otra tarde —después de una conferencia sobre el aceite de oliva en el Mediterráneo, en Santander, en la Universidad Internacional Menéndez Pelayo, ese Santander de la penúltima noche del torero en esta vida—, escuché a dos ilustres médicos que me observaron, en un aparte, aquella definición que ya me ha marcado de por vida:

—Jamás había visto una cosa tan grande.

—Es como una cornada de caballo.

Hay días en que —quiero citarlo, a ver si también me alivia— en esas tardes de verano insoportable, mi mujer y yo nos sentamos mano a mano, en esa inmensa soledad de los viejos cuando sólo hablan de sus hijos, en la serenidad de los años. Mi mujer es muy fuerte, está hecha de piedra, y ha sobrevivido a un cáncer de mama. Le han quedado secuelas: el brazalete ortopédico para que no se le escapen la linfas del brazo, la manopla, las rodillas deshechas por las viejas artrosis y la quimioterapia; pero sabe mirar a la vida de frente y sé que la estoy haciendo sufrir, tal vez demasiado, pero es el único hombro que me queda. A veces está cosiendo el cuello de una camisa que me gusta —de por vida, aunque esté para dársela a los pobres de la iglesia cercana de San Fermín de los Navarros, donde a veces entraba a rezar, poco, Domingo Ortega, con el que tanto hablé de Manolete y Lupe Sino. Recuerdos, memoria, flor podrida, crisantemo de la palabra— y doy un largo suspiro.

—Me duele mucho, Mayni. Te lo juro —y me responde sin levantar los ojos de lo que zurce.

—A ver si llegan de una vez los parches de morfina que dan a los terminales de Andorra. Me han asegurado que hoy ya los tenemos en casa. Verás como te vas a sentir mucho mejor.

—Pero es que con este dolor no puedo escribir o, si escribo, me va a salir una cosa distinta.

—Ya lo sé. A mí también me duele.

—Pero el cáncer no duele, vida mía. Te lo cambio sin ver.

—Cuando te dé la gana.

Levanta la mirada del trabajo. Me viene a la memoria aquella Josefina Manresa a la que pregunté en su día, en Elche, hace tanto tiempo:

—¿Es usted la viuda de Miguel Hernández?

—No, por Dios. Yo soy la mujer de Miguel Hernández.

En la tele avisan hoy de que la película de Brody se va a estrenar en Canadá, en una sesión de cine internacional. He pedido verla en Madrid pero, por lo visto, no quieren que la vea. Por eso este libro está escrito en el dolor, compartida la historia con aquél que lo tuvo todo sin tener nada, aquel ciprés de la soledad, aquel Greco en mitad de una multitud, aquél que un día, cuando le pregunté a Lupe Sino antes de que apareciera muerta en el baño:

—¿Y a qué sabía Manolete, Lupe?

Silencio primero, el vómito después.

—Al hombre que más quise. A eso sabía...

Pero dicen los que le vieron en los días últimos que Manolete llevaba un color transparente. Se le podían contar las venas de la cara. Tenía más amarga la cicatriz que le partía el rostro o, como contaba Hemingway en su libro «Por quién doblan las campanas»: «Hay toreros que, desde tiempo atrás, huelen a muerto, que es el olor de las flores machacadas». Y eso, eso, ya estaba con Manolete, le acompañaba. Lo dijo Luis Miguel esa misma tarde cuando, al salir de mear del retrete —porque era un retrete para todos, ya fueran toreros o viajantes de comercio, ése que había en la planta del hotel Cervantes, donde los toreros se vestían y se desnudaban— vio al de Córdoba, tendido en la cama, las persianas caídas, un calor insoportable:

—Tienes mala jeta, Manuel. Tienes que cuidarte.

—Y tú, Miguel, porque nos están pidiendo mucho a los dos. A mí más que a ti, pero tú vienes barriendo. ¿Sabes lo que te digo, Miguel? Te digo que estoy jartito de esto, hasta los cojones. A ver si un día les doy gusto y me quedo en la plaza. No merece la pena vivir de esta manera.

BRINDIS

VA POR USTED, MAESTRO, ESTE LIBRO O LO QUE SEA QUE LE DEBÍA DESDE HACE MÁS DE CINCUENTA AÑOS, PORQUE SE CONOCIERA, DE UNA VEZ POR TODAS, LA VERDAD DE SU VIDA Y, SOBRE TODO, LA VERDAD DE SU MUERTE.

Este libro se acabó de escribir el día veintiocho de agosto del dos mil siete, justo sesenta y un años después de aquella tarde, aún llena de misterios, de Linares.

Por eso, cada año por estas fechas, para contarlo, como usted sabe, Maestro, bajé hasta esa plaza del Sur a llevarle, aparte de las flores que siempre dejaba en la mitad del ruedo, donde usted perdió la vida en acto de servicio, la memoria intacta, llena de luces y de sombras todavía, de aquello que fue y sigue siendo.

Para ello, Maestro, no he dejado de leer todos los libros, muchos, que sobre usted se han escrito. Sería una lista interminable el recordárselos ahora, todos, pero de todos aprendí. Bebí, además, de todas las fuentes —algunas con el agua amarga de la mentira o de la media verdad—, pero sobre todo, sobre todo, de cuantos están alrededor de esa penúltima fotografía, en torno a su lecho, en el hospital de los Marqueses de Linares. He hablado con todos, o casi todos, los que quisieron hablar y los que desearon callar incluso. Escapo de las fechas como un ladrón de sensaciones —las fechas enfrían los relatos aunque sean necesarias—, pero sobre todo, Maestro, todo está hecho desde el respeto y la admiración más grandes, después de aquel último momento, por usted mismo elegido, para escapar. Porque el suicida —me atrevo a escribir el oficio— es el más valiente de todos, siquiera por la decisión de ese último minuto. Manuel Benítez Carrasco me contó en México, sentado yo en la misma silla en la que usted se sentaba al pie de los altos eucaliptos de Texcoco, que admiraba usted, y mucho, a Juan Belmonte: «Qué desmadre, un hierro tan pequeñito para un torero tan grande».

Por eso la última y también la primera verdad de su vida está escrita, maestro Manuel, en las últimas líneas de esta historia. De ello me hago responsable, porque sé que a una vida tan grande sólo corresponde una muerte tan grande. Lo demás no me importa. Matías Prats padre, que llevaba siempre aquellas gafas negras, como las de Camará, como las de usted mismo, una noche por la judería de Córdoba —mientras sonaban las guitarras del amanecer y fundía los plomos de cualquiera el olor de las damas de noche en los patios, ese olor que a usted le gustaba tanto— poniéndome una mano sobre el hombro me contó:

—Te aseguro que Manolete no estaba a su gusto con su historia, con su vida...

—Pero si lo tenía todo...

—Parecía tenerlo, que no es lo mismo. A mí me dijo, fuera de la plaza, más allá de la foto que ha dado la vuelta al mundo y en la que pregunto desde el burladero con un micrófono en la mano a Manolete, de perfil, las preguntas de siempre:

—Pero, Maestro, ¿que más quiere usted tener de lo que tiene?

Y él me respondió:

—Sólo quiero, don Matías, que pase agosto. Dios mío, las ganas que tengo de que llegue octubre, y no le digo septiembre, porque me tienen firmadas no sé cuantas corridas. Pero estoy harto, don Matías, estoy harto. Menos mal que en cuanto hago el paseíllo me crezco y se me olvidan todos los males que tengo.»

Menos ese día veintiocho de agosto, hoy hace sesenta y un años y parece que fue ayer. Leo que en algún sitio de Madrid van a dar un homenaje en su memoria, en su recuerdo, y que el ABC trae una foto suya, Maestro, de las buenas, como aquel retrato suyo de cuerpo entero que le hizo en su día el maestro Zuloaga, aparte del que le gustaba menos, con la pierna adelantada, asido al capote, del maestro Vázquez Díaz. Su memoria está entera por este libro, que hace el número veinticinco de los míos, muchos de ellos de toreros, pero ninguno como el suyo por una razón fundamental, porque este libro está sellado, lacrado con su propia sangre, con su muerte entera y verdadera. Qué más da que se lo llevara por delante un toro con los pitones arreglados, que está por demostrar; qué más da que los que iban a gritarle de Córdoba se quedaran con su veneno dentro esa tarde de sol y moscas de Linares. Importa su vida, pero sobre todo, importa su muerte, don Manuel, importa su muerte. Así que, con la venia, me voy al centro de la plaza. Hace calor en la España del dos mil nueve, el mundo sigue a la deriva y José Tomás, al que usted se le aparece por las noches, según me han dicho, y al que a su primer hijo él llamará Manolo en su homenaje, torea esta tarde en Linares. Lo está deseando, se lo pide su cuerpo, se lo pide su alma...

—¿Y tú de mayor qué quieres ser?

—Yo quiero ser Manolete.

—Pero a Manolete lo mató un toro... Criatura.

—¿Y eso qué más da? Lo grande es parecerse en eso al más grande, incluso en eso, en su muerte. Al que más cerca y más tiempo estuvo de un toro en la plaza.

LA SUERTE Y LA MUERTE

El torero de mármol. Aquél que empezó, como todos los grandes, en las cuadrillas de los bomberos toreros de las ferias y fiestas de España. El que alquiló, como todo el mundo, el primer traje de luces; el que llegó virgen al primer beso de amor; el que tenía cara de seminarista pero que, cuando iniciaba el paseíllo, parecía Dios hecho carne, Dios vestido de torero, ajeno a todo, la montera, el astracán terrible rizado hasta las cejas. Aquél que más de un día, al despedirse de los suyos, abriendo el abanico de la más triste de las sonrisas decía:

—Que Dios reparta suerte, niños, que Dios reparta suerte.

La suerte y la muerte: casi la misma palabra, siendo distintas. Hasta el torilero, Juan Antonio Robles, que ya tiene su sitio en la historia, le confesaría a Filiberto Mira, una tarde de muchas confesiones en la taberna 'Lagartijo' de Linares —a la que deberían hacer patrimonio de la humanidad—: «La corrida se enchiqueró bien. Sin embargo, no sé si fue un presentimiento, porque el que más tardó en meterse en el chiquero fue el que mató a Manolote y cuando se lo llevaron a hombros, camino de la enfermería, donde el doctor Garrido se ponía ya los guantes de goma y Parrado ofrecía su sangre», cuenta el torilero con voz desgarrada, «no dicen que en ese mismo momento se armó la de Dios es Cristo, una tormenta increíble, un chaparrón feroz —que parecía que el cielo lloraba por el torero herido— y la gente toda corría por las calles, camino primero de la enfermería de la plaza, ya con la luz grande y redonda del techo encendida, y después al hospital. Se hizo una cola larguísima de gente que quería ver si era verdad que Manolete había muerto y, a ser posible, tocarlo, para después poderlo contar con el paso de los años.»

Por eso este libro, don Manuel, Maestro, es una historia contada desde cinco, seis, un millón de fuentes distintas, pero recogidas por servidor, cuerpo a cuerpo, a lo largo de los años. Cuando lo acabe —que es peor terminarlo hoy— será como quien mea la piedra del riñón y podré mirar a los ojos a ese torero tendido que tengo frente a mí, envuelto en el olor a cloroformo y a jazmín de aquella tarde que oscureció tan pronto; como quien reza un rosario de recuerdos, con los mismos misterios pero de diferente forma contados: el hombre que tocó el clarín esa tarde dice que sonó de distinta manera; el cabo de la guardia de asalto, que le dio su sangre, un hombre noble y de frente, con barbuquejo —noble con barbuquejo y sin él— me confesó que desde el día que dio la sangre a Manolete, le cambió también su sangre. Fue una transfusión a la inversa.

Este libro está lleno de verdades al oído, de silencios, de voces bajas como una declaración o una traición al mismo tiempo. Por eso en él hablan todos los personajes importantes, pero también el enfermero, la monja, sor Julia, que ya se ha muerto, una vasca trasplantada al sol del Sur y hasta aquel que un día, sabiendo que yo bajaba todos los años me vino a ver a la puerta del hotel:

—Y eso que dicen de que Manolete no se confesó con el cura de la plaza es falso, porque yo estaba conteniendo la hemorragia de la sangre del torero con estas manos, que no había quién la cortara, ¿sabe usted?, cuando don Álvaro Domecq llamó al cura y el cura de la plaza vino, que era de una parroquia de aquí cerca. Se llamaba don Antonio de la Torre y tenía unas gafas grandes y redondas. Parece que le estoy viendo, pero creo que ya se ha muerto, así que no me puede venir conque miento. Se quedaron el torero y él a solas, por lo menos un instante, porque así lo exige eso, aunque yo me confiese pocas veces. Pero sí le digo que Manolete le habló al oído y le dijo algo, no se qué, pero le dijo algo, como si fuera un pecado o le pidiera la absolución. También sé que don Antonio, que llevaba una sotana de aquellas de cien botones, del cuello al suelo, y que tenía una mano en el aire y la otra en el pecho, le echó una bendición y salió como asustado —el momento no era para menos— a lo mejor a confesarse él en otro sitio. Pero Manolete le dijo al cura Torre algo, le doy mi palabra de honor, que es lo último que me queda, lo único que tengo.

Lo que le dijera Manolete sólo Dios lo sabe, porque el cura, me han contado o cuentan por aquí que se ha muerto, no sé si en algún lugar de América...

LAS CINCO «CES» QUE MATARON AL «MONSTRUO»

En aquella taberna vieja, antigua, la de «Lagartijo», entre carteles de toros, sobre todos los demás, uno: aquél de la corrida del día veintiocho de agosto del año mil novecientos cuarenta y siete, en Linares. «Cuando más brillaba el sol, un toro negro de Miura a Manolete mató», decía el romance popular, la copla, de mano en mano, de copa en copa.

El periodista iba buscando historias que contar en torno a la tragedia. Sobre la mesa, donde estaba el vino, cercano y fuerte, entre Valdepeñas y Pitarra, las palabras se iban depositando como quien arroja brasas sobre el fuego ardiente de la conversación —llena, por otro lado, de grandes verdades, de silencios terribles:

—Mire usted, señor Medina, ¿porque su nombre de verdad es…?

—Escolástico. El de pila. Yo soy de aquí cerca, pero la verdad es que me pusieron Tico porque mi padre decía que era un nombre muy grande, el mío, para un cachito de carne tan pequeño. Pero, por Dios, me tutea. Nos tuteamos, que casi somos de la misma quinta.

—Hecho. Mire usted, a Manolete lo mata un toro, ¿no?

— Cierto.

—Pero además de la ce del cuerno del toro hay más ces en su epitafio. Y usted perdone la palabra.

— A ver, espere que tome nota.

El magnetófono, a veces, es un testigo incómodo, porque la gente que a él se asoma piensa que la están interrogando policialmente. No le gusta, dice mentiras o medias verdades; incluso en cosas de importancia aumentan o mienten. Así que eché mano del cuaderno de notas, de hule negro —que aún no había aparecido el moleskine de moda, el de la goma negra, el que usaban Hemingway, Picasso o Van Gogh, aparte del mejor cronista de viajes de la Patagonia, Chatwin— y anoté lo que sigue:

—A Manolete lo mató la ce del cuerno, es verdad. La cornada, porque Manolete murió matando.

—Otra ce...

—La ce de la carretera.

—¿Y?

—En los últimos tiempos no paraba de conducir en su Buick verde, impresionante. A veces se echaba un poco atrás, pero a él le gustaba mucho llevar el coche. Muchos kilómetros llevaba encima cuando le enganchó Islero. Descansaba poco, no comía nada y, además, dormía mal. No se pueden llevar las preocupaciones a la plaza. Hay que colgarlas en la percha del hotel cuando se va a hacer el paseíllo.

—Tres.

—La ce, dicen, de la cocaína. Los toreros que viajaban a México —y él, en México, fue como un dios—, la tomaban para soportar muchas cosas: la lejanía, la altura... Estaba en las fiestas como estaban los mariachis. Aunque Manolete sólo conoció la morfina y fue para aliviar el dolor de las cornadas.

Aunque otros dos hombres asistían a la mesa sagrada de la conversación espeluznante —uno de ellos sé que ha muerto, un viejo periodista de *Pueblo* que me llevó hasta donde estaba «la fuente de la verdad» de la muerte de Manolete— ése era el que más hablaba. Los demás asentían como si estuvieran en el secreto, como si hubieran hablado ya mucho de ello. Tomaban notas en el cuaderno de la memoria. La voz de la calle hablaba por su herida:

—En México me dijeron que Manolete no tomaba nada y que si podía, lo despreciaba, si es que alguna noche aparecía la blanca celebración.

—Yo digo lo que dice la voz del pueblo, señor Tico.

—Que no me hable de usted, hombre...

—Es que es algo que hay que contar de usted, porque es muy importante lo que se dice.

—Lo sé. Vamos a por la otra ce.

—La del coño, ¿sabe?

LA «C» DE COÑO, DESDE LUEGO, ERA LA PRIMERA

—Es uno de los tesoros por los que se echan al ruedo los hombres del toro... Y por el que hasta matan.

—Pero en este caso tenía nombres y apellidos. ¿Sabe usted que Manolete dijo un día que no se fiaba de Lupe

Sino que era, después de su madre, lo que más quería en el mundo?

—Sé que el torero quería casarse con ella en cuanto le fuera posible, pero que primero quería decírselo a su madre, que odiaba a Lupe. Bueno, pues Manolete creía que Lupe le ponía los cuernos con Luis Miguel Dominguín, que aquella tarde negra toreó con él. Lo dicen, lo he oído alguna vez, pero eso no se puede demostrar.

—A un amigo de Córdoba se lo confesó, atormentado, en la Venta de la Sangre. ¿Conoce usted la Venta de la Sangre?

—Claro que sí, cerca de Andújar. La venta en la que había una vieja dama que fue bella y que aseguraba, a los viajeros de paso, que su mejor ofrecimiento es que había sido novia, amante, o «quería» —como se dice por aquí abajo— de Manolete, y que se había acostado con él sin cobrarle un duro, por el gusto de poder contarlo después. Y que incluso Manolete, un día, le hizo un hijo que ella perdió porque quiso. También es tremendo llamarse Sangre… ¿Y sabe por qué? Porque entre olivos hay una ermita que guarda la devoción de Nuestra Señora de la Sangre, con un corazón atravesado por seis cuchillos, que son seis estoques de torero. Por cierto, que las gotas de sangre son seis rubíes, como una ciruela cada uno, que regaló a la Señora una familia rica de los aceites y las almazaras de esta tierra, de la cual me va a permitir que no dé el nombre.

—Respeto su silencio.

El camarero de la taberna, de la misma edad, con mandil a rayas y mucho de saber y de callar. «Ay, si yo le contara», parecía decir, porque es mucho lo que uno escucha en esos sitios. Con un cierto aire de banderillero de la antigua revista Lidia iba y venía como de puntillas, deseando entrar en la conversación.

—¿Traigo otra ronda, Maestro, de lo mismo? —vino dorado, derecho, en copa alta, de Moriles Montilla, claro, de cintura estrecha y femenina—. ¿Algo de tapa?

—No hace falta.

Cuando se bebe se conversa, pero no se come, decían en una taberna legendaria de Castro del Río donde, a veces, iba Manolete a beber la madre del vino, recién pisada, casi como salida de la piedra.

LA «C» QUE FALTA, ¿PUDO SER CÓRDOBA?

—Falta alguna ce…

—Falta. Llevamos la ce del cuerno, la del coño, la de la coca, la de la carretera…

Uno de los silenciosos, que tenía acento cordobés incluso en silencio —que en Córdoba es más frecuente—, puso una mano sobre la mesa mientras el hombre de la barra de aluminio iba colocando, más que repartiendo —con tranquilidad, con serenidad, tal vez para recoger lo que se derramaba de la conversación—, las copas medio llenas, el cuarto de copas, como dicen en Córdoba.

—Bueno. Y no sé si decirlo, pero falta una ce.

—No le importe. ¿Cómo se llama usted?

—Me llamo Eloy.

—Creía que se llamaba Rafael.

—No. Y además soy de familia de plateros, por eso el nombre del patrono que trabajamos. Mire usted, a Manolete también se lo llevó por delante la ce que falta: Córdoba.

Un silencio espeso como una piedra de Macael.

—¿Córdoba dice usted?

Puse mi corazón sobre la mesa, como una carta marcada. Quiero que se sepa que yo amo a Córdoba sin tregua ni alivio. Que la cuento, y más bien la canto, con frecuencia, que la conozco bien. Le debo mucho. Tanto que quise morirme en Córdoba, aún siendo, como soy, de Granada.

—Le diré que los toreros de Córdoba donde triunfan es en Sevilla. A los toreros de Córdoba les cuesta mucho salir a hombros de su propia plaza, porque Córdoba es sabia y difícil.

—De ahí son los más grandes toreros de ayer y de hoy, Eloy.

—Mire usted, ese día habían venido muchos cordobeses a Linares, que estaba a dos o tres horas de coche. Algunos en autobús, y hasta en tren; el «minero», que se llamaba...

—Así es. A Manolete le gustaba Córdoba para vivirla, pero torear en Córdoba no era fácil para él. Quizá porque no es habitual eso de ser profeta en tu tierra.

—Sí, después de muerto, cuando Córdoba se dio cuenta de lo que tenía, pero hasta entonces...

—Pero a lo mejor lo sabían y no querían decirlo. A veces los silencios gritan.

—Ese día vinieron de Córdoba los que pudieron. Los que le querían y los que no le querían —que también los había— y el torero escuchó como se metían con él y su familia desde la grada. ¿No se había dicho todavía? Hay toreros que, cuando están ahí abajo, están en una burbuja y no oyen otra cosa que el compás de su corazón y la respiración del toro, su bramido interior. Pero Manolete, incluso dando una solemne manoletina, escuchaba el respirar de la gente del tendido, la del sol y la de la sombra... Y se lo dice alguien que le vio aquella tarde, y más tardes en más sitios; y quien dio también su sangre por él cuando la pidieron. Yo hice cola para dar sangre y se la di, junto a su pariente Parrado.

—Media Linares dio sangre por Manolete aquella primera noche. Bidones de sangre se podían haber llenado con lo que dicen que se dio. Me han contado que si se reunieran en la plaza de toros, uno a uno, todos los que dieron sangre al torero para transfusiones, no habría sitio suficiente...

—Es verdad. He visto tarjetas de visita que, tras su nombre y los dos apellidos, ponía escueta, dramáticamente, que «dio sangre de la suya para Manolete».

Silencio un instante. El vino observo que tiene, por tener, hasta guedejas, como si flotara un feto en su vientre fecundo, transparente.

—Es la madre del vino, porque viene de la tinaja a la copa, sin intermediarios.

—¿Y de dónde es?

—Me lo traen de Montilla. Puede ser de Moriles y también de Doña Mencía, pero le diré que es el que le gustaba al 'Monstruo'.

Sin embargo, la única foto de Manolete sosteniendo —elegantísimo, traje cruzado, recién peinado, la cornada de espejo, con corbata, el nudo fino—, como un brazo de la ley, la copa de vino en la mano, está en la bodega del Churrasco de la judería, de Rafaelito Carrillo, nada más entrar. El retrato está hecho en Jerez y el vino es de la tierra. A cada cual, lo suyo.

Y FALTA UNA «C», LA C DE CIRUGÍA

—También entre las ces, y aparte de las demás, podríamos añadir la ce de cirugía, que tal vez no fue la que se necesitaba en ese momento —apunta otro de los cofrades del secreto, los caballeros de la mesa redonda que, por lo visto, sabe algo sobre el particular. Aunque sobre el particular ya se ha dicho mucho.

—Yo hablé con Fernando Garrido —les cuento—, el médico de Linares que le operó la noche aquella, y dice que él hizo lo que tenía que hacer.

—Pero no era un cirujano taurino, aunque muy bueno en lo de las heridas y operaciones traumatológicas, un experto en huesos y roturas de gente de la mina. Aparte de que en la guerra había trabajado como cirujano militar. Pero del toro...

—Tal vez debió cortarle la pierna a Manolete...

—Seguro que habría sobrevivido —se me acerca un señor de la contigua que llevaba un rato en soledad, escuchando como quien está de paso, que es cuando más y mejor se escucha—. Se lo digo yo a usted que soy médico jubilado, aunque no cirujano, pero sí buen aficionado a los toros y que estaba allí la tarde que toreó Manolete. Soy de aquí cerca de Linares, de Úbeda. Ellos saben que digo la verdad y, además, saben quién soy.

Y en pie, como quien pasa, apoyándose con una mano en la mesa, como quien dicta sentencia:

—Y mire usted, Medina, que le leo desde hace mucho tiempo, si Fernando Garrido le corta la pierna, quizá le salva la vida. Pero no había cojones para cortarle una pierna a Manolete. Ni Tamames, ni Jiménez Guinea, ni Zumel lo hubieran hecho. ¿Y sabe usted por qué?

Tragué saliva y le miré a los ojos. Los tenía fríos, como deben ser los ojos de los médicos que van a dar un diagnóstico feroz.

—Porque nadie se imagina a Dios con una pierna menos.

Y salió de la taberna como Bruto salió del Senado después de apuñalar a su señor.

DOÑA ANGUSTIAS: LA CENIZA Y EL ASCUA

En agosto de 1972 visité a doña Angustias Sánchez Rodríguez, la madre de Manolete, en su casa de Córdoba. Hacía veinticinco años de la muerte de su hijo. Era una fecha de plata para conmemorar una crónica de sangre que aún recordaba España entera. Todavía. La publiqué en ABC por aquellos días. La vida de un periodista, de un contador de historias, está en las hemerotecas. No le he quitado ni una coma. No ha hecho falta, si acaso, asomarla a la ventana un rato para que se oree. Está entera, como escrita ayer mismo, al menos para mí. Hay cosas que no agoniza el tiempo. Merece la pena leerla hoy porque es ahí donde empezó «la búsqueda». Ahora hace veinticinco años, tantos que muchos de ustedes ni habían nacido siquiera, mis jóvenes lectores.

AQUEL AGOSTO DEL 72

En el blanco patio de mármol, doña Angustias se hace aire con un abanico. Un abanico sin flores, sin toreros, sin paisajes de geranios. Hay jazmines aplastados sobre un cenicero vacío, donde no hay tabaco desde que su hijo, que fumaba de vez en cuando, dejó de fumar para siempre. San Rafael Arcángel, el patrón de Córdoba, el de las alas de cisne, está dentro del mosaico azul ofreciendo el pez y la calabaza de la leyenda sagrada.

La tarde está llena de sangre y nosotros de preguntas. A nadie más amó Manolete que a esta mujer que aquí, sin sofoco, pasa la larga tarde del verano del alhelí.

Doña Angustias —no hay otra hoy, su dolor no necesita esta tarde ni de apellidos— sonríe a veces bajo el palio de sus noventa y un años recién cumplidos. Cerca tiene a su hija Teresa, el marido de su hija y a la nieta, tan mona, que entra y sale con los ojos iluminados por una ráfaga de pedernal.

El calor, la calor, que es un calor mucho más grande —luego están los calores, por fin las calores y ya, al final de la calle de los sentidos que marean, el calorín—, nos aprieta la cintura. Ésta es la casa de Manolo, aquella que compró el torero a los Cruz Conde hace cerca de 30 años, algo antes de su muerte. Está blanca por fuera, como una clara mortaja. Florecen, estallan, las buganvillas y las celindas. Las persianas y los toldos están echados y esa puerta que da a la avenida de Cervantes hace tiempo que ya no se abre. Los que hablan, todavía, con un son profundo de Manolete vivo y de Manolete muerto, habrán de pronunciar solemnemente las palabras bíblicas que la tradición de la familia mantiene todavía.

—Desde que murió Manolete, desde que salió por esa puerta grande, camino del camposanto, a hombros del dolor de toda España, esa puerta se abre pocas veces. Por no decir nunca.

Pero esta vez la abrió doña Angustias, hoy para el reportero. Yo no conocí a Manolete vivo, pero sí que lo conozco de cerca. Lo que sí sé es que el día que murió, el día que supe de su muerte aquella mañana de calor de España —tenía trece años para cumplir, con mi pantalón bombacho, como todos—, se me paró el pulso cuando ni reloj tenía. Me acuerdo que ahora mismo, antes de venir para acá, Manuel, el aficionado que vende lotería, me acaba de decir en los Califas, entre la guitarra y el humo rojo como la sangre del guiso del rabo de toro:

—Yo nací en La Lagunilla, casa con casa de Manolete. Ése fue el más grande, mire usted. Cuando hablo de él se me pone la carne fría.

El sabor del limón amargo. La pena todavía, la pena siempre.

Lo dicho. Un aire de soleá nos envuelve en esta visita a Córdoba mientras buscamos el recuerdo del torero muerto hace ahora veinticinco años. Si las fechas tienen un cíngulo de plata, ¿de qué metal está hecho el dolor de este número de almanaque? ¿Serán aún bodas de llanto?

Está doña Angustias en este patio hermoso, grande, luminoso hasta cegar, reverberante, con sus manos de pergamino y su vocecita cascada, infantil. Tiene algo, mucho, de moza manchega de las que pintaba Palencia en su estudio de Altea. Doña Angustias en Albacete, hija de un maquinista de tren. Lo que pasa es que siendo una niña de falda más corta se vino hasta aquí, en el destino de su padre, y de aquí no se irá hasta que no lo haga para descansar definitivamente, tendida junto al perfil de moneda-viva, moneda que nunca se volverá a repetir, de su hijo.

No ha vertido una lágrima en tanto hemos hablado. A veces hay una brisa, insisto, que huele a jazmín, la muerte pequeña que escribió Federico; pero aquí hablamos, suspiramos, por una muerte grande. Le digo:

—Doña Angustias, gracias por abrirnos la puerta grande de esta casa y no la de la calle de la Bodega.

Baja su cabeza tronchada, pero mantenida, y abre sus ojillos de ciega que vio y que ya no ve más que el resplandor del recuerdo de Manolo, su hijo. Dios seca los ojos de los que mucho sufren. Un hijo se muere una vez, pero a doña Angustias el hijo de la leyenda se le muere todos los días. Siempre hay quien lo recuerda en alta voz. Se lo traen a la memoria todos los días, por la radio, por ejemplo. Y los suyos que le leen lo que a veces traen las hojas sueltas del periódico, más que nunca estos días del veinticinco aniversario. A veces doña Angustias corta unas rosas del jardín delantero, ése que tiene en la casa, para llevarlas hasta el cementerio de la Salud. ¡Triste destino éste, paradoja hermosa llamar santo cielo de la salud a la que es la casa de la muerte!

Pero la puerta, la pequeña o la grande, se debe abrir estos días otra vez, porque van a venir de medio mundo a besar la orla del vestido, que es como un hábito de penitencia, de la que parió al torero más grande y, por lo tanto, más muerto de la historia del toreo.

Cantan los canarios de Rafael, el yerno de doña Angustias, que no está en casa. Doña Angustias se va a la cama a las doce, cuando se apaga la voz de la televisión. Ha escuchado así, hace unos días, la película «Torero», de Luis Procuna. Le gustó y le dolió; las dos cosas al mismo tiempo. Todas estas cosas le hacen el daño del ascua que quema en la carne viva.

—El dolor no se va nunca, señor... ¿Cómo ha dicho que le llame? El dolor mengua con el tiempo, pero apagarse del todo, nunca. La muerte de mi niño no se ha ido de mi vida y se vendrá conmigo hasta que repose con él cuando me vaya.

—El ascua, doña Angustias, es natural. Además, es que hoy es el día de San Lorenzo y hace un calor insoportable, señora...

Tiene la doña su mente muy clara. A media mañana, todos los días, viene la peluquera y le arregla la cabeza como a su hijo le gustaba verla. Fue por eso, por esas pequeñas cosas enormes, que Manolo, mi niño, toreó y murió. Dio la vida porque su madre pudiera, entre otras cosas, recibir la visita de la peluquera todos los días del año, y en su casa.

—Yo tuve el pelo muy negro, como la endrina...

Come muy poco, doña Angustias, como una novicia de clausura en tiempo de cuaresma, que ya es decir. La confiesan y la comulgan todas las semanas en casa. Recibe el viático a la puerta, sentada en su mecedora; sólo le falta la mantilla. Le trae el cofre sagrado su director espiritual, como a las viejas marquesas imposibilitadas a la sombra de sus escudos y sus tapices en flor. Ella sólo tiene sangre roja en el apellido. Mujer de toreros, madre de toreros. Se ríe cuando la pregunto —tal vez sea la única sonrisa de la tarde:

—Pero alma de Dios, ¿de qué tiene usted que arrepentirse a estas alturas de su vida?

—Hijo, siempre hay, siempre hay... Pero hablamos. El padre viene sólo a que hablemos.

Ahí están sus medallas, las que lleva sobre su piel blanca y cansada. Una piel que ya no derrota el sol.

—Ésta —suenan levemente como monedas de muerte mientras las va tanteando, mostrando— me la dio mi hijo aquí, en casa, en el año cuarenta y cuatro, y es de la Virgen del Pilar. Y esto que ve usted aquí es un amuleto de la suerte, un elefante con la trompa hacia arriba, de oro, que él llevaba siempre consigo. Una cosita suya... Digo yo, para la suerte...

A veces se pone en pie y pasea por la gran casa, el palacete, acariciando las cosas con la mano, buscando el camino, el tacto de los retratos; el frío tacto de la plata labrada, el áspero color del cuadro de Zuloaga, espléndido. Las camisas guardadas del hijo, todavía con el punto de almidón amarillo, aquel batín de lunares, la piel fría del elegante con el cigarro en la mano, siempre de perfil aunque estuviera de frente, como Agustín Lara que tanto le tocó al piano, a él solo, aquellas noches de tequila y de mariachis, la piel brillante de madera lacada de la escribanía: todo lo que le regaló el hijo muerto...

Y fue así, buscando el pulso de Manolo todavía, que se cayó un día y Dios quiso que se levantara. Se partió una cadera, pero el arcángel del mosaico, que estaba cerca, dejó el pez y la calabaza y la levantó por la cintura hasta sentarla de nuevo, y para siempre, en la mecedora de olivo de Castro del Río.

—Ver, veo muy poco, por no decir nada. Mire usted, a veces veo el fogonazo de la foto. Bueno, sólo como una luz que se apaga y se enciende otra vez. Claro, que es más por el fuego que por la luz, ¿sabe usted?

También la sacan a la calle, como quien va en procesión de viernes de silencio, a hurtadillas, en alguno de los coches de la casa. «Está muy contenta con su chófer, que es como sus pies y sus manos». Suben hasta el Brillante, quizá llegan hasta las Ermitas, «cómo tú te ves yo me vi, como me ves te verás», llegan hasta el Cerrillo, paseando las tierras que compró Manolo para disfrutarlas con ella el día de mañana —esas tierras que en estos años ha multiplicado amplia, eficazmente, la familia— y le dice al chófer:

—Por favor, bájame la ventanilla, que respire la tarde.

Pero es para respirar, más que nada, el olor de su hijo. La jara, el cereal, el barbecho o la lluvia.

La hiedra del patio está verde y seca al mismo tiempo. Los sillones son de mimbre, como de balneario antiguo. «Abuela», le dice la nieta, tan linda, «levante usted la cabeza para la fotografía».

—Sí señor, que el veintinueve de agosto será su misa de aniversario en los Dolores, esa iglesia que él quería tanto y a la que iba mi niño cuando venía a Córdoba. Los Dolores, que se llama San Jacinto. Todos los años se la dicen, aunque éste quieren hacer muchas cosas por lo de los veinticinco.

—Y parece que fue ayer, doña Angustias.

—El tiempo pasa volando, hijo.

—¿Y el dolor pasa lo mismo?

—El dolor no pasa. El dolor se queda. Yo siempre estoy pensando en lo mismo.

Pero tiene el corazón de un viejo olivo. Y además lo dice ella misma:

—He criado siete hijos con estos pechos, con mi teta, no como pasa ahora. A Manolo, hasta los quince meses, seguí dándole el pecho. Se crió altísimo. De pequeño era muy gordito y, mire usted luego, que se me quedó como una pasa.

Llora poco, pero a veces llora. Por eso no la quieren dejar sola. Y además la pena la persigue, porque la muerte la rodea en medio de tanta vida. Hace unos siete meses que murió su hija Lola, hermana de Manolo, hija de su primer matrimonio. La madre de Rafaelito Lagartijo.

—Doña Angustias…

—Dígame usted, joven.

—Yo no quisiera…

—Estoy acostumbrada, hijo, dígame usted.

—Yo digo que cómo recuerda usted a su hijo ahora mismo, ¿de luces o de paisano?

Agosta, estamos en agosto, aún más la cabeza esta mujer que fue tan guapa, más que bonita, tanto que los que la recuerdan de moza dicen que era muy hermosa, espléndida, guapetona, una mujer de cuerpo entero que hacía gentes a su paso por la calle.

—La verdad es que me decían muchas cosas, piropos hermosos, claro, cuando iba por la calle, camino de algún sitio, de muchacha. Para qué voy a decir mentiras.

—Le preguntaba, doña Angustias, por Manolo…

—Le veo vestido, siempre, de paisano. Yo lo veía poco de luces, ¿sabe usted? Él no quería. Muy bien le recuerdo ahí mismo, donde está usted sentado, con sus amigos divirtiéndose, o dándome un beso, o contándome sus cosas. Sí, hijo mío, yo he penado mucho… Sobre todo desde que mataron a Manolo, pero antes he penado también.

«DESDE QUE MATARON A MANOLO», ha dicho doña Angustias. Recojo las palabras tremendas, como en una copa de sombra.

—También se me murió mi hija Soledad por culpa de un cáncer…

Ha sonado el teléfono en la mitad de la tarde, en la mitad de los recuerdos, como un clarín. Tal vez gritó desde el fondo de la casa. A doña Angustias ya no le importa lo que cuente el teléfono con su cara de banderillero antiguo, la montera negra puesta hasta las cejas sobre el rostro redondo.

—Ya me da lo mismo que llamen o no. Cuando mi hijo toreaba esta casa no tenía teléfono. El teléfono sólo da malas noticias a las madres de los toreros.

Cuando compró esta casa se dejó puesta la instalación, pero no se puso el teléfono. Se instaló aquel día, cuando él ya estaba ahí, en la sala, de cuerpo presente….

Y de cuerpo presente sigue en esta tarde de jazmín. Tiene doña Angustias diez nietos y diecisiete biznietos. Y le gusta mucho la Córdoba de hoy, aunque no la vea, pero la huele y la siente.

—A Manolo, que era tan cordobés, ¿sabe usted?, le gustaba mucho, mucho…

Ella le reza a San Antonio, a fray Martín de Porres y a la Virgen de los Dolores. Esa virgencita que hay en la hornacina del cuarto de dormir del torero, de la alcoba donde todo se conserva como el día que se fue para no volver. Así, con el mismo olor a 'Floyd' para la barba y a la colonia de nardo que hacía volver la cabeza a las muchachas de Córdoba, que cosían de cara a la pared, bajo las persianas, al paso del torero.

—Mira como huele, niña. Está pasando Manolete.

Hoy es el olor de la muerte. Doña Angustias recuerda:

—De casa han salido tres toreros. Yo les tengo compasión a los toreros, ¿sabe usted? Sí, sí, sé lo que digo: compasión, mucha compasión, porque son gente buena que se juega la vida. Hace unos días Antonio Bienvenida habló muy bien de mi hijo por la radio y yo le oí. Habló con mucho cariño de Manolo, con mucho respeto. Dígale usted, si lo ve por ahí, usted que va por el mundo, que yo le sigo, que me gustaría mucho saludarlo y darle las gracias. Mi hijo le tenía mucho cariño. Igual que le pasaba con Pepe Luis Vázquez. El niño le admiraba mucho y, además, siempre me decía: «¡Madre, es que tiene tanta gracia!».

Los maletas, los capas, se santiguan al pasar por delante de esta casa. Vienen japoneses a retratarla todos los días. Se detienen autocares de mexicanos con las manos llenas de rosas al otro lado de estas altas rejas. Una mujer australiana lloró ayer mismo —lo ha traído el periódico «Córdoba» de hoy— en la tumba del torero, sobre el perfil yacente de mármol sobre el que pasean las hormigas, del torero Manuel Rodríguez Sánchez, cuya muerte hoy conmemoramos.

—Mire usted, le voy a decir una cosa, para que se sepa de una vez. Mi niño era muy alegre, lo que pasa es que al mismo tiempo era muy cordobés, muy serio, muy formal. Le costó mucho trabajo colocarse donde estaba, ahí arriba. Había luchado mucho, la vida no le regaló nada, ¿sabe usted? Era muy buen compañero y muy buen amigo de sus amigos. No es porque yo lo diga, pero de católico era exagerado, sin llegar a ser beato. Se había criado en los Salesianos, y hasta en casa era un señor... Muy señor, que además en la casa había recibido muy buena educación, aunque esté feo que yo lo diga, que soy su madre. Le tengo que decir que el único día que me dio un disgusto fue nada más que ése que no quiso irse interno a los Salesianos, cuando supimos que lo que de verdad quería ser es torero. Torero por encima de todas las cosas. Mire usted, en Méjico, por ejemplo, siempre hablaba de mí.

—¿Y ahora, tal día como hoy, cuántos años tendría?

—Pues mire usted, cuando lo mataron tenía treinta años cumplidos, porque nació el cinco de julio de mil novecientos diecisiete, así que... cincuenta y cinco años. En la flor de la vida para disfrutarla, como quien dice.

Doña Angustias no ha ido nunca a Linares. Cuando pasa cerca no se lo dicen y, si lo hacen, vuelve la cabeza:

—Y no es por nada, porque ese pueblo no tiene la culpa de nada... Pero ya sabe usted. Además, las cosas estaban escritas. Cuando yo le decía a mi niño: «Retírate, hijo mío», él me decía, «pero madre, ¿y la gloria?».

Su hermana suspira, hondo, profundo, en un rincón, y mueve la cabeza como quien dice, sin decir: «Pero estaba escrito, estaba escrito...»

Doña Angustias vuelve a enderezar la fina arquitectura de su cabeza de matrona Zegrí, como ese viejo capitel encontrado en Medina Azahara hace poco, la madre del califa que escribía casicas entre las flores del agua.

—Y ese año se iba. Nosotros estábamos en San Sebastián, veraneando, cuando lo de Linares. Y allí me dijo una cosa que no debíamos olvidar a la hora de recordarle:

«Madre, estoy deseando que llegue octubre.

—¿Para descansar?

—No, madre —lo recuerdo perfectamente—, para retirarme, para irme de esto».

Le pesaba el toro, le pesaba el Norte y, por eso, en octubre, quería irse... Quería irse.

AQUELLA TARDE QUE SÓLO LE LLAMAMOS «MANOLO» Y NO «MANOLETE».

Y lo ha dicho como cuando se habla por soleá, con una guitarra de palo de ciprés del Generalife al fondo.

—Mire usted, no es pasión de madre lo que voy a decirle, pero mi hijo, el niño, era un hombre muy especial, distinto, diferente. Se retiraba temprano, se levantaba tarde. Y hablaba mucho conmigo. Cuando toreaba en Córdoba se vestía ahí, aquí, cuando ya terminamos esta casa. Tenía empaque, un señorío, una presencia... Y hasta para ponerse la gabardina o el batín de estar en casa tenía una gracia especial.

Hemos paseado por la casa, grande, con las persianas echadas y las luces encendidas. No hay trajes de luces que se vean porque están en el fondo del arcón de las habitaciones superiores.

—Le gustaba el color tabaco y oro, pero cuando lo mataron llevaba un traje rosa y oro. Por cierto, que nosotros no lo tenemos. Está en el Museo de las Ventas.

Manolo de paisano.

Manolo de corto.

Manolo vistiéndose, apretándose los machos.

Manolo entrando a matar.

Manolo entre las dalias frescas, de hoy mismo, como en un altar. Manolo casi santo. Manolo por fin de luces, de cuerpo entero, en el mismo salón donde estuvo de cuerpo presente.

Manolo en el nombramiento americano.

Manolo brindando un toro en la cancela.

Manolo en los dibujos de Martínez León.

Las veinticuatro camisas con la M y la R bordadas, oro sobre la seda, sin estrenar siquiera...

Aquí, en toda la tarde, sólo dijimos Manolo, jamás Manolete. El Niño, con mayúsculas, como dicen de sus hijos las madres andaluzas, tengan la edad que tengan, si es el único y hasta que mueren.

—¿Que a quién quería más mi hijo? ¡A mí, a su madre! Yo era su gran pasión y, además, él lo decía siempre. ¡Está escrito!

Fuera, en la calle, Niño Primo vende ramitos de jazmín entre las mesas de Pepe, el de la Judería, donde iba Manolete a tomarse una copa, un respiro y un adobo entre las pilastras y el agua oculta que llora de la fuente, bajo el toldo. El 'Pipo', el apoderado del 'Cordobés', va enseñando entre las mesas de su marisquería las monedas de plata —él que lo conocía tanto de muchacho, que incluso le amortajó en Linares—, que ha hecho en oro y plata, según los posibles, para conmemorar la tragedia. Hay verbena debajo de San Rafael, que todo lo protege con sus alas, ayer de avestruz, hoy de mármol. Sobre cada mesa, en cada esquina, está la imagen, nunca mejor dicho, la imagen del torero muerto en olor de heroicidad. Suenan los caballos que arrastran los simones. En el cementerio, el último califa espera la resurrección definitiva a la que irá de luces, recostada su cabeza sobre el cojín de mármol de Carrara auténtico. Los plateros llenan de latidos, con sus corazoncitos de yunque, las calles de la cal y de la sombra, la buena sombra. Séneca ve, fuma y calla. Maimónides espera sentado la llegada del último alumno. Hay geranios en el cementerio de los toreros, donde están el 'Guerra', 'Guerrita' y 'Zurita', por dar sólo tres nombres de toreros. ¡Ah, y Machaquito! Bajo el monumento al amor reniegan de la muerte, y de la guerra, dos jóvenes turistas que han llegado descalzos desde el fin del mundo.

«Aquél que las arenas pisó con gran firmeza yace aquí, bajo el cielo de su Córdoba mora». Lo escribió Rafael Duyos y está grabado sobre el mármol, con la fecha fatal.

«Cumpliose con él la estrella que se da en los mejores».

El escultor Ruiz Olmo, valenciano, con más de treinta años cordobeses, trabaja en la plaza pequeña, más abajo del Góngora pensante, en la escultura que habrán de plantar los linarenses en la plaza que hay cerca de la muerte de Manolete, dentro de unos días.

Con una flor de girasol en la boca, coronadas de azahar de naranjo —palabra de honor—, atraviesan la callada y caliente serenidad del Cristo de los Faroles dos australianas de piernas de acero que han venido a ver, de cerca, el paisaje de la leyenda muerta, depositada hasta el día del Valle de Josafat en el cementerio de la Salud.

En la plaza del Conde de Priego, delante del torero, en pie, en una apoteosis de ángeles, toros y caballos, los expertos, bajo el sombrero con forma de planeta de los viejos andaluces, pontifican en una tertulia constante y eterna.

—Ésta es la cultura del torero más grande del mundo.

En el Barrio de Santa Marina está la casa en que nació el torero. Está esperando, como siempre, la llegada implacable de la piqueta. Plaza de la Lagunilla con un busto, otro, de Manuel, que hizo Juan de Avalos estando aún el torero vivo.

—¿Y yo podría, don Juan, poner la mano en este barro en que usted trabaja?

—Claro que puede, Maestro. Y a mucha honra.

Avalos quiso y está la huella. Aquí los niños no juegan al toro. Por respeto. Saben que nunca, por grandes que sean, serán como el torero de la leyenda. Seis palmeras dan sombra a su perfil de mármol, como una cuadrilla vegetal, flaca, cimbreante, al aire de la tarde.

Insisto, las mujeres que le conocieron de a pie, hoy cincuentonas, todavía hermosas, aún niñas en tantas cosas, me contaron entre el fragor de los abanicos:

—Pasaba por esta calle camino de la Merced y, aunque no le viéramos, sabíamos que había pasado por el perfume...

Aquellas noches, todavía, suenan lejanas guitarras que se acercan y, al día siguiente, aparece don Manuel con un collar de flores frescas al cuello.

«Aquí el traje violeta que llevó en la corrida de la prensa...

Aquí la piel del toro, sucia piel blanca y oscura del toro Islero decapitado, el toro que mató a Manolete...»

CANITO: LA SANGRE DE MANOLETE CASI SALPICÓ EL OBJETIVO DE LA CÁMARA FOTOGRÁFICA

Es el único superviviente de la tragedia de Linares, casi como para ponérselo en las tarjetas de visita. Pero no hace falta porque todo el mundo, al menos en el planeta de la sangre y el miedo, le conoce y le admira. Va a llegar pronto a los cien y va y viene por el mundo taurino, siempre en el callejón, con su gorra blanca de visera y su chaleco de bolsillos y cremalleras, como el de Pérez Reverte, antes de ser Pérez Reverte, en la campaña de Kosovo. A veces sólo se ve en el callejón su sombra, su gesto serio y formidable —sabiendo lo que sabe—, con las cámaras colgadas al hombro, al pecho, con su potente telescopio capaz de retratar incluso lo que no se ve. No hay corrida de toros ni feria taurina en la que no esté presente la figura de 'Canito', a saber, don Francisco Cano Lorenzo. Siempre en pie, listo para todas las guerras, archivo excepcional de más de medio siglo de la fiesta, sin mentiras, que lo que ve su cámara lo dice sin que le tiemble el pulso y la verdad.

Ya se nos fueron, se murieron todos o casi todos los demás: Gabriel, el peón de brega de Manolete que también era banderillero, y Parrao, el matador de toros que dio su sangre, buena sangre, aquella tarde inmensa. Se nos murió el médico Fernando, don Fernando Garrido Arboleda, y sor Julia, que tan cerca estuvo el día de la muerte de Manolete. Se nos fue el torilero que abrió la puerta a Islero; en pie, mi paisano el policía, el cabo de la armada don Juan Sánchez. Se nos acabó la farmacéutica María Luisa, y Matilla, el representante de la empresa Balaña en Linares. Estuve el día que enterramos a don Antonio Bellón. Y Luis Miguel se ha ido, y «Gitanillo» —la muerte en la carretera—, y el «Cagancho de Linares», picador...

No quiero hacer mas líneas sobre la muerte, que siempre tengo, en este largo parto, en este doloroso trance, una estampa recordatorio de Manolete, «rogad a Dios en caridad», con su orla de luto, mirándote a la cara; los ojos sobre los ojos, casi respirando sangre y ceniza al mismo tiempo... El torero de la portada.

Superviviente es 'Canito', que quiso ser torero y lo fue, y al que a veces veo en Madrid, o en Sevilla o allí donde se respira el toro. Es generoso y de su archivo espléndido siempre hay una fotografía suya certificada urgente, una foto con historia dentro. Siempre está allí donde tiene que estar. Por eso, cuando le pregunto si este año del dos mil y pico piensa acudir a la feria de Linares, como siempre, el fotógrafo me confiesa, tajante:

—Desde aquel día que mataron a Manolete no he dejado de ir ni un año.

—¿Me has dicho que mataron a Manolete? No eres el único que lo dice.

—Yo estaba allí, no te olvides, y sé lo que digo. Pero ya no voy más, porque me pegan una paliza de afecto que ya mi cuerpo no aguanta. Y eso que, a estas alturas de vida, me subo a mi Mercedes y me hago quinientos kilómetros, yo al volante, como si estuviera empezando. Pero esa historia no vuelvo a repetirla. No volveré ni este año ni nunca.

Lleva en esto más de setenta años, a pie de plaza. Con catorce años, según cuentan las crónicas, empezó a torear, porque de entrada quiso ser torero. Pero otra cosa es lo que quiso Dios o el azar, que a veces muestra una cornada grave, de las que retiran a un hombre de vestirse de luces.

—Quiero que sepas, Tico, que si hay una tienta dejo las cámaras a un lado y me doy un par de pases, o tres, los que el toro quiera dejarme.

Rápido en el pulso, certero, cargado de cámaras como si fueran misiles o revólveres de campaña. De Alicante, mediterráneo puro. ¡Ay, si él contara...!

—Lo mío es contar, sí, pero contar retratando.

Aquel veintiocho de agosto estaba en Linares. Venía invitado como fotógrafo, acompañando a Luis Miguel al que iba siguiendo por distintas plazas de Andalucía. Era el que venía rompiendo. Hacía un calor inmenso, de esos calores del Sur que hacen caer, como plastas, a los gorriones de los árboles de las plazas y los parques públicos.

—Como siempre me di un garbeo. Había llegado en tren a la estación de Baeza Linares y me fui a retratar al pueblo en fiestas.

—Me dicen que ese día, lo he oído cien veces, 'Canito', comentasteis que habíais visto un perro en la plaza de toros y eso da mal fario...

Lo da. 'Canito' estuvo, como siempre que hierve la olla del toro, en el hall del hotel Cervantes, de un lado para otro. De cuando en cuando:

—'Canito', échanos una foto, siquiera como recuerdo de esta tarde.

—Si es como recuerdo…

Calor, color. 'Canito' sube a la habitación del torero y le enseña, le extiende sobre la cama, en abanico, las mejores fotos de corridas pasadas que Canito tenía del 'Monstruo'. Manolete le pregunta a Canito si ha visto los miuras en los corrales esa mañana.

—Están bien, vais a pasar un buen rato.

A los toreros no hay que hablarles de los toros que van a lidiar. No es bueno, no lo es, no es aconsejable. 'Canito' le contó al maestro Filiberto Mira —que posiblemente sea el que ha hecho el mejor libro sobre Manolete en todos los aspectos, desde el rigor, desde el dolor, desde el amor— que ese día parecía distinto siendo el mismo. No le dejaban entrar en la plaza porque le faltaba el papel de la acreditación, pero que entró, entre otras razones porque, como decía el Gobernador Civil, máxima autoridad para dar y quitar: «Una corrida de toros o una feria sin 'Canito' en el callejón no es una feria importante». Pequeño pero grande, valiente y sincero en la calidad que da a la cámara que todo lo ve, chic, chac, chic, chac… Reportero gráfico de aquello que le echen, que hay que estar ahí para contarlo.

—La verdad es que el toro, nada más salir, me llamó la atención. Pero no se lo dijo a Manolete con el capote. Sí, puedo decir que esa tarde, como tantas otras tardes pero sobre todo esa, Manolete salió a por todas. Llevaba un tiempo que la gente decía, incluso que parecía, que quería jugarse la vida. Y era verdad. Con el capote, pues bien, pero en la muleta se entregó. Se estuvo quieto y yo afilé el objetivo, lo máximo que entonces había. Le vi más pálido que nunca, más serio que jamás, aguantando al toro. Islero, Islero… Yo lo veía más cerca con el objetivo, así que me di cuenta que el toro tenía lo que tenía cuando le vi entrar a matar, como siempre, descolgando toda su figura sobre el cuerno del toro. He dicho alguna vez que me parece que se equivocó al entrar a matar, porque además había citado en la suerte contraria. Incluso Camará, del que yo estaba muy cerca, le gritó —y a Camará le escuchaba, aunque luego hiciera lo que le daba la gana—: «¡Cuidado, Manolo, ¡alivia, alivia...!»

Cuenta 'Canito' que, despacio, despacio, a cámara lenta, el torero entró a matar y el toro hizo girar aquel muñeco de oro como una mariposa de papel en las manos de un niño. Se lo llevó hacia arriba, le dio la vuelta y lo arrojó sobre el suelo como quien juega con un pelele de paja. Después Islero se fue tranquilo a los chiqueros, a la querencia, y se echó a esperar la muerte a la puerta de su casa. Misión cumplida. La plaza se calló primero, luego gritó, y por fin la muerte corrió por las gradas con toda su sangre a cuestas.

Los de la cuadrilla se lo llevan como pueden, cuenta el fotógrafo. Se le ve después de matar —cuando el toro mata a Manolete—, con un gesto de dolor espantoso, la boca abierta. El mozo de espadas le tapa con la mano la herida mientras es transportado por las asistencias. Lleva las piernas muy abiertas —la foto es sepia hoy, pero está manchada de sangre—. Al fondo Luis Miguel, con la montera puesta, el capote en la mano, es un daguerrotipo. En la foto hay también un personaje poco conocido, pero muy amigo de Manolete: Pepet, el camarero de la 'Pepica' de Valencia, la catedral de la paella, que iba siempre por donde iba Manolete y al que Manolete le dejaba hacer de monosabio.

—Lo que sí recuerdo, ahora mismo, es aquel surtidor de sangre que brotó de la ingle de Manolete, como un chorro que nadie podía taponar. La plaza estaba en silencio...

La sangre de Manolete a poco salpica el objetivo cierto, fuerte, de la cámara de Cano; el ojo abierto, la muñeca quieta. Sabía lo que hacía. A Manolete se lo llevan de un sitio para otro, patético aquel huir de lo inevitable. Se lo llevaron por la puerta equivocada, hasta que por fin encontraron, en la angustia, el corredor de la angustia: la enfermería. 'Canito', que se las sabía todas, no se quedó a ver el sexto toro de Luis Miguel: era más importante el olfato periodístico. Se fue corriendo a la enfermería, aún estando comprometido de palabra con Dominguín.

—Lo cuento tantas veces... Pero lo que sí es cierto es que estaban pidiendo sangre, como fuera. La mía era universal. Me ataron el brazo con una goma y con la otra mano yo hacía fotos, como le cuento. Pero al final no pude dar la sangre por Manolete, aunque me hubiera gustado tanto, y poder decirlo hoy. Además, Manolete era una persona elegante, seria, con el que daba gusto hablar... Era un señor.

Se va Canito al hotel Cervantes y de allí al hospital, luego de las fotos de la enfermería que dieron la vuelta al mundo —todavía hoy se las piden al artista. Por fin, de nuevo, a ver que pasaba en el hospital de los Marqueses de Linares. Se echó a dormir un rato, pero no pudo pegar ojo.

—Yo me estaba poniendo malo. El banderillero de Manolete me aconsejó que descansara, que incluso me dejaba su cama si la necesitaba.

Cano acaricia su canana de cámaras de fotografía digital, de color, y luego me mira a la cara...

—Has dicho, «aquel día que mataron a Manolete». ¿Qué has querido decir con eso, 'Canito'?

—He dicho lo que tenía que decir y punto. Ahí están las fotos, que no mienten y por las que no pasa el tiempo.

Ese es el testimonio de 'Canito', ayer en blanco y negro, hoy en color, aunque el documento oscuro, en el toreo, es más fuerte que el del arco iris completo.

—¿Y?

—Muchas cosas mataron a Manolete, todo junto, en el mismo plato, a la misma hora y en el mismo sitio. Estaba escrito. Manolete parecía que deseaba que un toro le enganchara.

'Canito' todavía tiene tiempo y ganas para hacerme una foto, así, de calle, de paso. A veces le veo el gesto del boxeador que quiso ser.

—¿Qué tienes de aquel día?

—Tengo, no parte de la camisa manchada de sangre del torero, como podría tener, o las pinzas con las que abrieron la herida en la turbamulta de aquella habitación donde se vieron tantas cosas, tantos recuerdos; pero yo tenía las manos en mis máquinas y el corazón en Manolete.

—Fíjate que me habían dicho, incluso, que aquel día el picador de Manolete le había dejado al toro, al picar, muy fuerte por cierto, el casquillo de la pica dentro y que por eso, cuando Manolete mató, hundió el estoque de acero en la boca metálica abierta y el toro no hizo otra cosa que engancharle con todas sus fuerzas —las pocas que le quedaban, porque Manolete había castigado muy fuerte al toro. Y que Islero, ya con el estoque entero y el torero asido a él, como con una mano de hierro, lo basculó a su aire, hacia arriba, arredondeando, girando al torero a su merced; ayudado, como quien atornilla, por el casquillo metálico.

'Canito' sigue su camino. Va y viene por la fiesta con el aire del sabio que todo lo vive y todo lo ve. Tiene el tercer ojo del lama del Tíbet, y uno continúa en lo suyo, preguntando, a veces retornando a lo mismo, sabiendo que aún quedan muchas respuestas, aún más que preguntas por hacer, a los sesenta años de aquella tarde que aún permanece fresca y viva.

Nuestra.

CUANDO MÉXICO SE ESCRIBÍA CON JOTA

Adoraba México. Lo decía siempre cuando se le preguntaba, y si no también: «En cuanto me vaya de esto tendré una casa en México, o en la capital o frente al mar, abierta todo el año, para mí, la 'Nena' y mis amigos. Sé que un viaje tan largo a mi madre no le va a sentar bien, pero lo haremos entonces en barco, como yo lo hice en su día. Además allí da gusto vivir, la gente sabe de toros. Aquí se sabe, en España, pero en México es una forma de ser, una emoción, una pasión. Así que a México en cuanto pueda, y con los ojos cerrados».

A los toreros México les fascina, con jota o con equis, lo mismo da. México, desde que llegan hasta que se van; México en el ruedo y fuera del ruedo. México lindo y querido. El único documento que hay, sonoro, de México y Manolete, es del torero cantando con los mariachis, tal vez con una elevada dosis de tequila o de afecto.

Su mejor amigo, en la plaza y en la calle, era Carlos Arruza, quien le llevó a conocer el otro México, aquél que él conocía como nadie. Se compenetraban en el ruedo; en la arena eran tal para cual, no se hacían sombra. Yo he hablado mucho con la madre de Arruza quien, además, era pariente directa del poeta León Felipe —a cuyo monumento, en más de una ocasión, he llevado flores. En el Parque de Reforma, Cantinflas me contó cosas memorables de Manolete, de paisano. Y sobre todo hablé con Silverio Pérez, que llegó a ser alcalde de su pueblo, de Texcoco, y que me llevó a su casa de las afueras, donde piafaban caballos y caballeros de la mano de don Antonio Ariza —que inventó el caballo azteca— para que me contara cosas de Manolete:

—Le queríamos todos y no sólo porque fuera un señor en el ruedo, sino porque además era un señor, pero de verdad, de verdad de la buena, en la calle, con los amigos... Daba gusto estar con él. De él se aprendía hasta en sus silencios».

Y me contó aquel secreto. Yo siempre iba buscando, por donde fuera, aquello que no se sabía de Manolete, del que todo se había dicho, o casi todo. Iba tratando de encontrar la pipa del tamarindo, la almendra de la almendra.

—Ahí donde te sientas, donde se sienta usted, joven, que sepa que me dijo Manolete, tomándose un pulke con gusano, el día que no toreaba, mientras le cantaba José Alfredo Jiménez que le gustaba tanto:

«—Mira, Silverio, te digo lo que te digo, pero yo, de no morirme en una plaza en España, no me importaría morirme en México...

—Pero, don Manuel, mejor no morirse, ¿no?

—Sí, mi cuate, pero de serlo, pues aquí mejor, ¿no? Sé que aquí le darían mucha importancia a mi muerte».

Me contaba Silverio —y si no era Silverio era el 'Estudiante' o muchos de los que con él torearon— que el torero se dejó querer por lo más hermoso en mujeres, de aquella tierra de mujeres cruzadas, maravillosas, y que hasta tuvo algún romance veloz, que si las paredes de los grandes hoteles del México DF hablaran…

—Le querían mucho, mexicanos del exilio y mexicanos de la emigración. Ayudaba al benéfico en cuanto se lo pedían, ¡y cómo iba por las calles de México, en Aguascalientes o en Cuernavaca! —donde estuvo a punto de tener casa, entre buganvillas. Lo que se dijo, aquello de la bandera en el palco presidencial y que él se negó a torear aquel día si no la quitaban de en medio, era mentira, es puritito falso, Medina. No ocurrió, no fue así, y además Manolete siempre hizo todo lo que había que hacer. Jamás hizo un mal gesto ni con nada ni con nadie, jamás sacó los pies del plato... Fue de otra forma. Las grandes figuras del exilio español, con don Indalecio Prieto al frente, quisieron conocerlo y le prepararon el saludo, el encuentro con Pedro Vargas y Alfredo Jiménez, el más grande para él, que tanto le gustaba que le cantara al oído. Eso le encantaba, la noche de México, siempre que no tuviera que torear al día siguiente. Era muy pundonoroso en su forma de estar y de ser. Agustín Lara le cantó mucho y cerca en aquellos días hermosos e inolvidables. Los dos presumían de su misma cicatriz de espejo, aunque Lara la tenía, pero de cornada de amor, de amor contrariado... Y vio la bandera morada y no dijo otra cosa que «me gustaría que estuviera la de hoy de España».

Manolete en México donde, por cierto, además de alguna que otra cornada con señal, un día, volviendo a la ciudad DF con Carlos Arruza, a punto estuvo de perder la vida el torero. Aquel que los traía perdió el control del coche —uno de aquellos grandes americanos— y muy cerca estuvieron de caer al fondo de un barranco.

—Don Manuel lo recordaba siempre, siempre y, además, como si fuera de México, porque aquí volvió a nacer un día «y como mi hermano, como quien dice Carlos Arruza, que me acompañaba».

Este periodista estaba en México, de corresponsal de la televisión española, cuando se mató Carlos Arruza en una carretera, camino del DF, al volante de su coche. La carretera, la otra ce que acaba con la vida de Manuel Rodríguez, que tanto gustaba del automóvil y que siempre tuvo los mejores que había en el mercado —americanos, siempre grandes, brillantes, muchos de ellos ya en la historia, que no hace mucho se estaba vendiendo uno que perteneció al torero y que llevaba sus iniciales en la puerta delantera, como las de los reyes del exilio, una eme y una erre enlazadas. Y se sabe que Lupe Sino, en su día, trató de buscar y buscó y encontró uno de los coches de Manolete, que compró de segunda mano y que nadie sabe dónde está hoy. Sí se puede y se debe decir que Manolete gustaba de conducir un automóvil, pero nunca en soledad, siempre con alguien cerca, incluso en las noches de alegría menos aconsejables.

«—Déjame que lo lleve yo, que tú no estás en condiciones de hacerlo...

—Pero Maestro, que usted torea mañana...

—Por eso mismo, que nadie va a cuidar de mí mejor que yo.»

Le gustaban las grandes frases, las palabras rotundas, y estaba muy acostumbrado a la carretera, que también cansaba, agotaba; tanto, que hay quien dice que esa ce también ayudó a su caída. Pero es lo que él decía, «nadie va a cuidarme más que yo y, además, nadie sabe lo que se sufre, por más confianza que tengas en él, si es otro el que te lleva y tú al lado.»

Cantinflas me contó, cuando uno andaba por México mágico, ya con equis, que una vez hicieron un viaje hasta Acapulco, el torero y él, junto a una cosecha de mariachis de la Plaza Garibaldi. Mientras se turnaban al volante, en el camino, a lo largo de aquel barranco inolvidable de los Muertos, los detuvo la policía de carreteras. «Pero mira por donde», me contaba Mario Moreno, 'Cantinflas', «vieron quienes éramos, sobre todo él, por que yo ya sabía quién era; pero a Manolete le querían en la distancia y se convirtieron en nuestra escolta, porque aseguraban que había entonces por allí muchos guerreros. Los guerreros del Maestro en las sierras de Guerrero...»

Hilando fino en las historias de Manolete en México, llegó a decir: «Mira por donde estuve a punto de nacer en México otra vez, porque sobreviví, y aquí está la prueba», y mostraba enseguida, orgulloso, la herida por asta de toro, aunque no era muy dado a la exhibición, «a una cornada tremenda, en el muslo izquierdo. La plaza del toreo puesta en pie, que desde abajo es de donde se ve que es la plaza más grande del mundo, en aquella corrida de Torrecilla, que a poco me deja inválido para siempre. Así que, desde aquel año, en el cuarenta y cinco, llevo conmigo una medalla de la Virgen de Guadalupe, aunque la 'Nena' ya me regaló una con su nombre y el mío juntos...»

Manolete en vena, en el coche, «que es una sensación hermosa si es descapotable, sobre todo si el coche es tuyo, aunque tengo que echarme fijador, mucho, para que no se me suelte el pelo... Hay veces que no se me ve el blanco del antojo de amor que se me quedó... Es que Lupe se encarga de que no se me vea y yo no quiero que me lo tinte, porque es una herida del amor, como las del toro, pero ella lo quiere así».

Hoy está Manolete en bronce en la plaza de toros de México dando un pase de muleta a un toro como un autobús. Manolete mirando al tendido, en el desprecio solemne de uno de los pases que lo hicieron inmortal, aunque a él no era una suerte que le gustaba especialmente. Había en Manolete, además de su humildad y de una cierta timidez, algo muy importante: su inmensa personalidad. Cuentan —yo no lo cuento una vez más porque ya se ha contado demasiado y este es un libro escrito, como he dicho tantas veces, desde el dolor y el amor al mismo tiempo—, que el día que le dieron aquel homenaje, formidable, de los intelectuales de España —nombres todos con el resplandor de la historia dentro—, el torero acudió a la cita en el «Lardy» de Madrid vestido de media gala. Esto es de su propia palabra:

«He venido y no de luces, que me parecía una barbaridad aunque sea mi uniforme, y todos ustedes han venido inmerecidamente de 'smoking'. He venido de corto, aunque parezca que he dejado el caballo abajo, pero es como creo que debía venir; y con problemas, porque estoy esperando todavía las cuartillas que se ha dicho que iba a traer, como si fueran mías, José Vicente Puente. Pero en fin, yo diré lo que tenga que decir, pero mío, de mi cosecha, que las palabras no pueden herirte como te hieren los toros bravos…»

Manolete con faltas de ortografía; Manolete a punto de hacer aquella película en la que tanto se invirtió —no por su parte— de Abel Gance. Manolete junto a Lupe, que dicen que dijo que si hacía la película era con la condición de que dieran, en México, una oportunidad a Lupe —que había hecho ya alguna en España, si bien no para acudir al Óscar. Manolete bajo los focos —lo nuevo le atraía con fuerza; Manolete mirando a la cámara. El director mítico que no pudo llegar a que la película se hiciera, aunque mucho se invirtió en ella: meses, meses, horas y horas rodando por media España para nada; tiempo y dinero gastado en algo que sólo fue un sueño. Manolete en la escalerilla del avión de hélice que le llevaría a México; TWA, viajar, dar el salto, cerca siempre la 'Nena'. La 'Nena' que no falte, pero al llegar al fin de destino:

«—Ponme con mi madre.

—Maestro, que son no sé cuantas horas menos y la vamos a despertar.

—Mi madre no duerme cuando yo estoy fuera, así que la llamas, aunque sean allí las cuatro de la mañana».

Pepe Luis Vázquez, ahora instalado en silencio, en estatua, junto a la Maestranza de Sevilla, frente por frente a Curro, en bronce, cerca de la madre del rey doña María, a caballo. Pepe Luis de espaldas al Guadalquivir que los vio nacer a los dos; Pepe Luis que un día, una tarde, en el campo de Carmona donde lucía el blanco de la cal y el negro de los toros su cortijo, me confesaba, el 'Dorado de San Bernardo':

—Te podría decir que yo, de Manolete, tengo mucho, pero sobre todo tengo respeto. Era un grande, aparte de por su muerte porque era honesto, en el toro y en la vida. Aunque no conseguí que dejara de fumar, a pesar de que hicimos alguna promesa juntos. Tú ya sabes que él decía siempre: «A Pepe Luis, como no le tiren el cuerno de un toro a distancia, no hay toro que lo enganche.»

Lo lloró a su manera, a su forma, en silencio. Sabía que Manolete siempre, siempre, confesaba que el torero que más le gustaba toreando era Pepe Luis, Pepe Luis Vázquez.

—Y yo correspondía siempre a sus palabras, como amigo y como torero.

Pepe Luis Vázquez en su silencio. Hace unos días encontré una cinta del inmenso de San Bernardo, de hace cuarenta años, y le di vida en la radio. Pepe Luis Vázquez, que entonces, cuando podía decir, decía:

—Su vida como torero la hizo aún más grande despidiéndose en la plaza. Murió matando.... Hasta hace poco, siempre que yo encendía un pitillo me acordaba de él, de cómo escondía el cigarro cuando me veía, o si no, pedía: «Que no se entere Pepe Luis...»

Sonreía dulcemente el gran Pepe Luis cuando volvió hacia mí su rostro de buena gente, bajo la gorrilla de cuadros, como la que llevaba Manolete:

—La verdad es que no me importaría nada volver a fumar un cigarro con él, aunque perdiera la apuesta. Pero no pierdo la esperanza, porque sé que tiene que haber un cielo para toreros buenos como él y, más aún, para gente que lo dio todo.

EL DÍA QUE LOLA FLORES VIO «CABALLOS NEGROS» EN EL CIELO

Venían del Norte en aquel coche grande, aparatoso, en el que les gustaba viajar, sobre todo para que les vieran. No en vano eran Lola Flores y Manolo Caracol. La gente ya había aceptado a la apasionante pareja por ese nombre. Sin embargo, en el dúo, durante mucho tiempo, Caracol peleó como un leopardo porque el nombre artístico fuera al contrario: Manolo Caracol y Lola Flores. Pero en la escena o en la cama, Lola se lo decía siempre, siempre:

—O Lola Flores y Manolo Caracol o terminamos ahora mismo. No doy un paso más en nuestro compromiso artístico ni sentimental.

Y Lola —la conocí bien— lo que se proponía, lo conseguía.

Venían de Santander donde la pareja había, como siempre, armado el «taco». Un disparate, eso es lo que eran en el teatro, en el cabaret o donde fuera, en la fiesta íntima o en la mitad de la calle: un trueno ardiendo, la brasa y la llama juntas. Ni un gramo de ceniza.

Hacía un calor insoportable —agosto del 47— y en la Meseta las chicharras tocaban sus bandurrias de fuego. El sol se iba acostando de costado, como siempre, y el coche se quedó un instante a la puerta de la venta, en Guadarrama por más señas.

Yo he podido comprobarlo cuando aún había una foto de la pareja dedicada: ella de perfil, mirando a Manolo, Caracol de apellido, que vaciaba en ella —sombrero hacia atrás y sobre la frente— todo lo que tenía dentro, aquel amor con olor a coñac y esperma. Insuperable.

Siempre paraban aquí a tomar algo, una copa ardiendo, antes de llegar a Madrid, cuando a Madrid, todavía entonces, había cerca de dos horas desde el cruce de Guadarrama. Ni la cima de El Escorial daba sombra, porque ni la había siquiera.

—Estoy cansá, Caracol.

—El viaje es muy largo. Habría que venir en el tren, en el coche cama. Te lo tengo dicho, Lola, como dos señores.

—Mejor así, en nuestro coche, que es más independiente.

—Y además es que la nochecita de ayer, ya me dirás, fue de partirse el alma, Lola.

—Hombre, Manuel, ya me dirás tú si el torero no se la merecía.

Se refería a Manolete. Lola gustaba del campo. Lo llevaba en la sangre, cuando Lola era un junco y una daga.

—Nos vamos a sentar aquí un ratito, Caracol, a tomar un respiro.

Siempre le decía Caracol, de corto o de largo, desnudo y en la alcoba, cuando los dos, boca a boca, se fumaban aquel largo cigarrillo —negro o rubio, de picadura o «Gold Flakes»— de las confidencias, después de la sangre caliente.

—Ea, nos sentamos. Déjame que te limpie el sitio. La yerba está más seca que el ojo de un tuerto. ¡Vaya verano que llevamos!

Pero un álamo es un álamo siempre, en todos los sitios. Da verdadera sombra, sombra fresca. El pino la da caliente. Se sentaron. Arriba, algarabía de pájaros.

—Lo malo de aquí es que, cuando anochece, refresca.

Lola se echó atrás el pelo negro, recogido en un moño africano, con aquel olor oscuro que siempre llevaba en la canal del pecho y en la raíz de la mata.

La Flores me lo contaba cuando escribíamos juntos sus memorias. Seis años y un día duraron. A poco es una necrológica. Se llamaron como era Lola, «En carne viva».

—Me acuerdo, Tico, que esa tarde, entre dos luces, se me vino a la cabeza lo que me gustaba El Escorial, de siempre. Pero no se lo dije a Caracol porque para él era un tema tabú. Cuando le hablaba de lo de casarnos y de que si me casaba algún día sería en Jerez o en El Escorial me decía, moviendo la cabeza, con aquellos ojos suyos cargados de tristeza: «Ya sabes que por la iglesia, niña, no podemos todavía». Y por lo civil, entonces, era imposible. Si acaso para franceses y americanos.

Era el cuarenta y siete y Lola reclinó la cabeza en el árbol, en el álamo viejo y, luego, sobre las rodillas de Caracol que estaba sentado en el suelo, en camisa, abierto el pecho como siempre, mostrando las medallas, echando un cigarrillo.

—¿Quieres uno?

—Quiero.

Lola miró hacia el cielo echando el humo por su morena nariz de Nefertiti. La tarde era rosa pero, como siempre, agosto hizo honor a su maldición con sombras oscuras, tormenta fácil, y aún más a estas alturas. Abajo, en la Meseta, esperaba el Madrid de toda la vida, cuando aún se sentaba la gente en la calle, con la silla de anea y la persiana levantada, a disfrutar de la fresca de Chamberí o de Las Vistillas y las terrazas inundaban los paseos.

De pronto Lola dio un salto. Caracol estaba, la verdad, ya muy acostumbrado a los prontos de su pareja.

—Levántate, que nos vamos. Acabo de ver caballos negros en el cielo, vida mía.

—¿Otra vez los caballos negros, Lola?

—Esta vez más que nunca.

El gitano, ancho y profundo, miró al cielo, que a veces lo hacía harto quizá de mirar tanto al suelo.

—Eso son nubes de tormenta, Lola. No me vengas con tus monsergas.

—No, que esas son de las malas, que yo las conozco bien... Eso es que a Manolete le ha pasao algo, pero algo mu malo, te lo juro por mi madre.

—Pero si hemos estao con el anteayer mismo. Con él y con 'Gitanillo' en aquel reservao, después de la corría. Y antes en el hotel. ¿Es que no te acuerdas?

—Manolo —dijo—, que no he querío decírtelo porque veníamos de viaje, que había visto en la plaza un gato corriendo de un lao pa otro.

—Mujer, es que no debía haber gatos en las plazas de toros...

—Pero es que, además, el gato era negro.

Caracol calló, porque conocía los secretos maleficios de los símbolos del Sur. Un gato negro en la calle es malo, pero en el ruedo es insoportable. Iba detrás Lola, que caminaba rápido, casi corriendo. Las luciérnagas abrillantaban las niñas de sus ojos frente al espejo del río de los cangrejos.

—Y además me lo contó don Antonio, que estaba al lado de Manolete, en el callejón.

Don Antonio era, que en paz descansa ya, aquel buen periodista de Baena que acompañaba siempre al torero. Eran paisanos y eran amigos. Se llamaba de apellido Bellón y así era conocido en el mundo del toro. Don Ricardo García K-hito, el que apodó a Manolete como 'Monstruo', le hizo enviado especial por las plazas de toros de España para su semanario, entonces un periódico de gran tirada y enorme fuerza popular.

Bellón iba a formar parte de la historia del torero. Mucho me habló bajo el ala de su sombrero panamá blanco, impecable, aquel señor del olivo y de la palabra en la redacción de Pueblo, a los dos lados de la misma mesa que compartíamos muchas tardes de verano, cuando aparecía con su traje de dril impecable, su abanico en el bolsillo y la cartera de ministro en su mano derecha:

—El día que yo te cuente de Manolete...

En un museo debía estar aquel sombrero que siempre colgaba amorosamente del perchero, junto a mi trinka o mi bufanda de lana granadina. Porque ese sombrero es una pieza clave en la iconografía trágica del torero, Manuel Rodríguez Sánchez, Manolete: en él se fraguó su suerte definitiva. Su suerte y su muerte. En ese sombrero de Antonio Bellón se depositaron y se resolvieron, «como es tradición real en la circunstancia taurina», las papeletas con los nombres y los números de los toros que habrían de torear, aquella tarde en Linares, Luis Miguel Dominguín, 'Gitanillo de Triana' y Manolete. Le tocó al de Córdoba una —¿dónde estará ese papel de sangre y de leyenda?— en la que se leía: «Islero, de Miura». A Manolete aquel apellido siempre le sabía raro. ¡De Miura! Al fin y al cabo, un toro de Miura mató a un pariente suyo, a su abuelo 'Pepete'.

Bellón, años después, me abrió el frasco de sus secretos y me dejó que acariciara aquel sombrero blanco, flexible, para los días ardientes del verano.

—¡Quién lo iba a decir!, pero a Manolo le gustaba mucho que lo llevara puesto en la plaza, porque decía que yo le daba suerte si lo acompañaba, allí, en el callejón, cerca de su sitio.

—¿Y es verdad lo del gato negro, don Antonio?

Yo le llamaba siempre don Antonio, con respeto, pero de tú por el oficio, las cosas como son.

—Es tan verdad como que él me dijo:

—Don Antonio, ¿lo ha visto usted?

—¿A quién? —me hice el distraído.

—Al gato que ha cruzao la plaza.

—¿Cómo no voy a verlo? Pero eso no tiene importancia...

—¿Cree usted en el mal fario?

—Hombre, lo importante es que cuando salga el toro...

—Al toro no le temo, don Antonio. Me preocupa más lo que he visto... A ver si es un presentimiento o un aviso.

Mordió, como siempre hacía, con rabia y compromiso, el capote en el que con letras de caja de munición de santa bárbara se leía Manolete en el envés amarillo, y se fue hacia su sitio. Tenía un brillo raro en los ojos: verano del 47, Santander. Todavía se volvió hacia don Antonio, la montera clavada, el ataúd de astracán que la llamó Raúl del Pozo —rotundo, como siempre—, y le dijo, antes de echarse a la arena, aquel brillante, montado al aire, sobre dos piernas como dos palillos de acero y de mito.

Insisto: Santander, 26 de agosto de mil novecientos cuarenta y siete. En su sitio, en el burladero, le miraban expectantes sus compañeros de brega. Exhalaba un cierto olor a tragedia. Me lo han dicho muchas veces. Juanito Belmonte y Rovira —aquel que en Lima, en el Acho, levantara un dedo diciendo que era el mejor, más que Manolete— aguantaba la respiración.

Los toros eran de Rogelio Miguel del Corral. Manolete esa tarde se mostró entero, valiente y entregado. «Hay que dar todo en todas las plazas, grandes y pequeñas, en ferias o en compromisos, todo lo que llevas dentro. Que han pagao, y mucho, para verte», decía el torero. «Pero ni fu ni fa» ese día. Está en las crónicas de la época.

Eso sí, aquella noche Lola y Manolo llamaron a su habitación en el hotel Perla. A Manolete le gustaba mirar al mar desde su ventana, pero cuando volvía de torear, envuelto en su bata de seda de estar en casa, a veces, incluso, con pañuelo de seda al cuello. Entonces, después de bañarse, se tomaba un fino si la cosa había ido bien, y si había ido mal, también. Luego se fumaba un cigarrillo de boquilla, con una inmensa elegancia de lord inglés, de anuncio del mejor Montilla. «Sargatona», fijador de pelo, el tupé ya ordenado, los ojos tristes siempre, la cicatriz en el rostro partiéndole la memoria, el pensamiento puesto en el amor, en Lupe.

Aquella de Santander fue una noche inolvidable de agosto. Lo pasaron bien. Manolete no era serio, ni mucho menos, después de la corría. Parecía triste, pero no lo era. Le gustaban los chistes, los contaba con cierta gracia cordobesa, y el cante y el baile eran su gran pasión. Sabía disfrutar de la vida.

Tenía treinta años y treinta cicatrices en el cuerpo en el que, además de las cornadas y los percances, se le podían ya contar los huesos en ese agosto. Estaba flaco, pero no desganado. Desde aquel día en el cortijo de Córdoba la Vieja, con sólo diecisiete años, en que un novillo le rubricaba su condición de torero, con más de mil toros que se pasó por la faja a lo largo de toda una vida, de toda una muerte, hasta aquel día, agosto del cuarenta y siete, cuando Lola ve caballos negros en el cielo de Castilla la Vieja. Manolete ya no era el Manolete de siempre.

—Parecía tener una cornada más honda de las que tenía y de la que no terminaba de reponerse. Quería casarse cuanto antes, pero no se atrevía a decírselo a su madre. Esa es la única verdad. Se le notaba cansao, muy cansao.

Lola llega a la venta del camino, donde está clavado el coche grande. Las puertas están abiertas, de par en par, y la gente no está en la terraza, bajo los eucaliptos, sino en el interior, atenta a la vinacoteca de la pared en la que guiña un ojo verde una radio grande. En ella la voz de Matías Prats, que fue sombra y voz del torero —también con gafas negras como las de Manolete, que ahora se llevan tanto, como las de los moteros americanos o los pilotos yanquis de la bomba de Hiroshima, o como las de Camará, más o menos las mismas. Gafas negras para ocultar su ojo más débil, pero no su acento, que se hacía más cordobés, aunque había tenido que domar la música del Sur para ponerse frente a un micrófono en Radio Nacional de España, hasta llegar a ser el primero.

Nadie, que ya es decir, se dio cuenta de que Lola Flores y Manolo Caracol habían entrado en la venta. Hasta los abanicos se habían detenido. Un largo instante de angustia; el dueño del local con un sifón en la mano, de esos que hoy son piezas de museo, se volvió hacia la pareja para decirles, sobre el silencio que se podía partir con un cuchillo, un silencio amarillo como un queso viejo:

—Que un toro ha cogido a Manolete en Linares...

Lola se apoyó en el brazo de olivo oscuro de Manolo Caracol.

—¿Y ha sío grave?

—Dicen que mortal, pero todo el mundo está dando sangre para el torero.

—Caracol, nos vamos corriendo, a ver si llegamos pronto a Madrid. Pero deja puesta la radio hasta que lleguemos...

Sentados el uno junto al otro, ella apiñada junto al hombro de Caracol que conducía lo más deprisa posible en el tiempo de los sidecares y los motores de vapor —todavía.

Lola lloraba despacio, lágrimas sin maquillaje, auténticas. Caracol callaba.

—A ver si llegamos a tiempo.

—¿A tiempo de qué, Lola? ¡Lo que tenga que ser, será! Ahora hay buenos médicos. Manolo los tiene y ahora hay muchos adelantos, que por falta de atenciones no va a ser. Y, además, está la penicilina esa.

—Es por si nos da tiempo de llegar a Linares, esta misma noche.

—Lola, eso no es posible, tenemos trabajo mañana en Madrid y el teatro está vendío entero.

—Pues se da otra fecha. Lo primero es lo primero.

La radio acompañaba, informaba, asustaba. Era una radio que, además, se iba de vez en cuando en las curvas, en las cuestas, que entonces había muchas, o al atravesar los pueblos más obsoletos del camino. Lola suspira profundo, como un estertor, y mira a través de la ventanilla.

—Los caballos negros no se han ido todavía, Caracol. Tengo un mal presentimiento.

Lola había vivido horas antes, y Manolo con ella, una noche intensa. Se abrió el champán francés. Se abrieron las bocas y los corazones. Se abrieron las carnes.

—Me imagino que ya lo sabrá Lupe.

—Se lo habrán dicho ya. Está en Lanjarón tomando las aguas. Ya oíste que el torero habló con ella. Iban a verse hoy mismo, después de lo de Linares.

—Quien lo tiene que saber ya es su madre, doña Angustias.

La habían visto también con Manolo en San Sebastián, días atrás. Su hijo la tenía, para espantar los calores de entonces de Córdoba, donde veraneaban los grandes, porque decía que tenía que vivir como una reina. Le pagaba Villa Iru, que era lo mejor de lo mejor, gloria bendita cerca del casino, en la playa de la Concha, aunque doña Angustias ya no podía ver el mar porque estaba casi ciega. El teléfono al lado, esperando que sonara a la caída de la tarde. Con lo bueno, que siempre se multiplicaba, o con lo malo, que siempre, por serio que fuera, tenía la categoría de un puntazo sin importancia. Y el desasosiego.

—Menos mal que están con ella su hija Teresa y las nietas, Encarna, Rafaela y Lolilla.

—Estamos llegando, Lola.

—Nos vamos pa casa, que veo que lo que tenga que ser, será.

—Llegaríamos por la mañana y a ver si luego no vale nuestra sangre, Lola, que la tenemos muy revuelta.

—Por Manolo daría yo mi sangre y mi vida entera.

La gente estaba toda en las calles ardientes de Madrid, por el calor y por el dolor. Todo el mundo llevaba a Manolete en la mitad de la frente, porque la crónica negra es urgente y verdadera y está escrita como el destino.

Años después, tal vez cuarenta después de aquella noche, Lola Flores me lo contaba así en su casa de la calle María de Molina, durante la siesta, mientras su marido, Antonio González, tocaba la guitarra en la habitación de al lado como si fuera una música de fondo insustituible.

—Me duró muchos días, mucho tiempo —a ti te lo digo, y no para que lo publiques en mis memorias— el sabor de la boca, en mi boca, de Manolete, aquella noche.

Me atreví a preguntarle:

—¿Y a qué sabía Manolete?

Lo pensó un poquito. Bebió un café que nos acompañaba en la larga confesión. Entonces se apretó el salto de cama, levantó su perfil de faraona y me dijo, mirándome a los ojos, tal vez para que yo lo dijera algún día, porque a ella y a mí nos gustaban las palabras como coplas y las coplas como palabras:

—Sabía a vida y, últimamente, también sabía un poquito a muerte…

—¿Y has vuelto a ver aquellos caballos negros que aquel día te avisaron, aquel día de agosto del cuarenta y siete, cuando el toro mató a Manolete?

No debía habérselo preguntado, porque se hundió dentro de su propia armadura —escuché el ruido de crótalos de los 21 gramos de su alma—, y me confesó, en voz baja, como si no quisiera que nadie supiera, ni siquiera ella misma, lo que iba a decir:

—¡Qué cosas me preguntas, Tico Medina! Los sigo viendo, pero sólo cuando veo a lo que más quiero en el mundo, a mi hijo Antonio, lo más grande. Caballos negros sólo veo cuando viene a verme mi Antonio, que con él se trae otro caballo negro, porque a veces lo veo que me viene montado en el jaco maldito de la heroína que está acabando con él.

PARTE DE GUERRA
FERNANDO GARRIDO: «MI PADRE NO MATÓ A MANOLETE COMO TODAVÍA DICEN».

Ésta es, como bien se ve, como bien se lee, una historia a diez bandas. Una tragedia griega en la que los protagonistas se envuelven en sus clámides, en ocasiones con su daga aún ensangrentada escondida en los pliegues de la túnica, y de la que, en la labor de taracea, voy sacando algunas conclusiones. A veces se escapa una verdad desconocida, un grito escondido, un secreto a voces, pero quiero seguir reuniendo esta serie de documentos hasta llegar a una conclusión definitiva sobre el doctor Fernando Garrido, quien tuvo a Manolete en sus manos aquella noche del veintiocho de agosto de mil novecientos cuarenta y siete. Una pieza clave en el rompecabezas de esta historia que, sesenta años más tarde, aún sigue siendo de muerte y de sangre, porque lo que sí es cierto es que Fernando Garrido no fue el culpable de la muerte de Manolete.

Yo conocí personalmente a don Fernando Garrido, en carne y hueso, al final de su vida, en su casa de Linares. Era un hombre bueno, eficaz y directo, que no tenía por qué arrepentirse de nada. Conocí a su hijo, Fernando, también en su momento. Un arquitecto excepcional, casado con una García de la Cierva —el inventor del autogiro, un creador excepcional, pequeño y grande, silencioso y humilde— que incluso me hizo un proyecto de morabito para el Mediterráneo —que aún conservo pasados los años y que nunca, como casi todo en mi vida, vi llegar al final. Él me ayudó mucho en la arena de que Fernando padre, el de verdad, me abriera las puertas de su casa, de su gran secreto a voces y de su corazón.

Pero es el caso, como en las novelas antiguas, que pasados los años, un día de agosto me llamaron por teléfono:

—Soy el hijo del doctor Garrido y me gustaría mucho hablar con usted, sobre todo por aclarar algunas cosas que aún no están muy claras en lo relativo a la muerte de Manolete. También para que se sepa de verdad quién era mi padre y lavar su imagen, que se están diciendo muchas tonterías.

Desayunamos, almorzamos y cenamos en el parador de turismo de Jaén, sobre el blanco paisaje de la ciudad de la cara de Dios. Que no me falte ni me sobre una brizna de su confesión. Es ésta.

—Me dolía en conciencia que mi padre no tuviera el reconocimiento que se merecía y quién mejor que su hijo, que soy yo, que soy el continuador de la obra del doctor Fernando Garrido, para que se sepa de una vez por todas que mi padre, el cirujano que lo operó, no tuvo nada que ver en la muerte de Manolete. Que lo resolvió, que no es lo mismo, igual que había hecho con tantos toreros.

»Mi padre estaba en el cuarenta y siete en la plenitud de su carrera. Tenía cincuenta y cuatro años y había pasado la guerra como cirujano de urgencia en el hospital de Linares, que era la base de todo el ejército del Sur. Así que conocía muy bien su oficio, porque el cirujano se hace, operando. Había en nuestra tierra, por aquellos años, y antes también, accidentes de mina monstruosos. Así que cuando Manolete llega a su mesa de operaciones mi padre ya es un hombre templado, que lo que sabe, lo sabe de su oficio. Bien es verdad que los problemas eran otros, porque se trataba de heridas de guerra o de mina, pero se las sabía todas, sin que le temblara el pulso, de una forma diaria, constante y positiva.

Es el doctor Garrido hijo, un punto nervioso: un tío de cuerpo entero que quiere hoy poner los puntos sobre las íes.

—Su mérito es que cuando él empezó no había prácticamente cirujanos y él lo que hace es, desde el principio, tomar decisiones, porque empezó practicando operaciones de urgencia en la Casa de Socorro de Linares, en el veinte. Fue un autodidacta que se hizo en el quirófano.

—Me importa —siempre lo mismo, doctor—, nos importa eso, lo de esa noche.

Adelante de una vez por todas, Garrido, como el que está dispuesto a limpiar, lo sé, la figura de su padre. Éste es el emocionante relato de lo que pasó aquella noche de Linares.

—Mi padre tenía un compromiso doble, primero por ser cirujano de la plaza y segundo, porque además no se ha dicho lo suficiente, era amigo íntimo de Manolete. Con la presión que sufrió esa noche tuvo que sobreponerse a todo, tomar sus decisiones y realizar la intervención que debía. Si usted lee el parte de esa noche, se puede observar que es una cornada como las del noventa por ciento de las lesiones que se producen en esa zona.

— Pero eran de otro tipo, eran lesiones de mina, de huesos, generalmente, en las que su padre era el mejor.

— Sin duda, pero también hay gente que no sabe que había muchas cornadas en toda esta región. Por esa época había muchos, muchísimos festejos taurinos, de más o menos importancia, y esa noche lo primero que hizo el doctor Fernando Garrido, mi padre, fue cumplir con su deber como cirujano. A mí me contó personalmente: «Hijo, ligué las venas, ligué las arterias que estaban sangrando en la sábana, porque lo que estaban eran contusionados los grandes vasos». Mi padre, sin que le temblara la mano, llegó al fondo del todo, cumplió inicialmente con su misión de cirujano, colocó los drenajes necesarios...

—La cornada fue grave, pero no mortal, ¿no?

—Así es. La cornada fue muy grave, pero mortal no, porque estando un cirujano bueno, como era el caso, el herido se podía salvar. La prueba es que se le sacó del 'shock' con aquellos métodos tan rudimentarios, cuando se hacían las transfusiones a brazo, de brazo a brazo, con la jeringa que aspiraba al donante e inyectaba en el paciente. Se le puso la sangre necesaria, se trasladó al paciente, se revisó la herida de nuevo por ser quien era —sí, por ser quien era— y se siguió paso a paso, de libro, lo que había que hacer en ese caso concreto.

No dice nunca, o casi nunca, Manolete, este hombre en camisa —Jaén abajo, entre la niebla; olivos, olivares al fondo— y habla del paciente como de un paciente más, el paciente cordobés y punto. Está trabajando sobre material profesional, material de cirujano.

—Se revisa la herida como había que hacerlo y se la ve abierta, fea, pero atada y zurcida como tenía que ser. El paciente sale del 'shock'; se recupera, sí, recupera, como le digo, sus constantes vitales normales. Su tensión se pone bien.

Consulta unos papeles secretos, mecanografiados, que le acompañan:

«—La diuresis se restablece y el pulso se sitúa en lo normal... Dentro de la gravedad, pero normal. Manolete se recupera, despacio. Se reincorpora en la cama con ayuda y pregunta si ha cortado alguna oreja, si se ha enterado su madre y también lo que ya sabe, esa historia: pidió un pitillo encendido... Parece que lo estoy viendo. Yo estaba allí, con mi ayudante, sí señor, así que soy como un testigo de cargo cuando ocurrió la desgracia...»

—O sea...

—Cuando llegó el suero, con el doctor Jiménez Guinea, que venía de Madrid.

He hablado con Antonio. Lo hice también con el doctor Jiménez Guinea, envuelto en su gran bata blanca, desde el doctorado de su sabiduría y su experiencia. Los dos coinciden en lo mismo.

—El suero se lo trajo Jiménez Guinea, que lo traía desde Madrid. Era el famoso suero sobrante de la Segunda Guerra Mundial. Entonces era una cosa muy nueva, pero que ya tenía gafe, mala prensa. Se dejó de usar porque tenía problemas, incluso porque dicen que por su causa murieron algunos de los supervivientes de las catástrofes de Santander y Cádiz. No hay más que repasar las hemerotecas de la época.

—Doctor, si no le ponen el suero, ¿se salva el torero?

—Nadie sabe lo que podía haber pasado, pero lo que se sabe es que el médico lo trajo de Madrid. Como es natural de muy buena fe, porque lo que deseaba era restituir la bulemia, que la tenía descompensada. Él, de la mejor voluntad, se lo puso, y es cuando ocurrió la catástrofe. Los primeros centímetros entraron pero, inmediatamente después, Manolete había perdido la mirada: «Don Luis que no veo, don Luis que no veo...» Se nos fue de las manos. Fue ponerle aquello, le vino un choque anafiláctico y se nos murió a todos.

—Dígame usted, que se lo pregunto a todo el mundo, ¿si el doctor Fernando Garrido, su padre, se decide —que no era fácil la decisión— y le corta la pierna herida por la ingle al torero, el torero se habría salvado?

Estamos solos en el inmenso salón de las armaduras y los espejos del Parador de Santa Catalina. La mañana se hace como más densa. El doctor Garrido hijo repasa las palabras, las reposa, va teniendo mucho cuidado en la cirugía de las palabras. Sabe que no se debe dar, sobre todo, una puntada mala; hay, por lo menos, que suturar con cuidado la cicatriz enorme de la memoria.

—Eso se ha dicho. La pierna de Manolete se podía haber cortado o no, depende de como hubiera quedado el riego luego de haber hecho las ligaduras. Sin embargo, la humanidad es muy sabia y podría haber seguido regando esa pierna aunque hubiera existido después una zona de atrofia. Es un caso similar al del torero Pepín Martín Vázquez.

—O sea, se pudo acabar con el torero pero no con el hombre…

—Mi padre ligó a conciencia la femoral para que no pasara nada.

—Yo creo que su padre hizo lo que tenía que hacer. ¿Cómo iba a estar un dios como Manolete por la calle y sin su pierna? ¿Cómo ver a Dios mutilado? —lo digo siempre, que muchas veces me lo dijeron.

Estamos buscando, al menos yo, incorregible, el titular. Lo hay, pero es que además, luego de escucharlo tantas veces siempre da la sensación, según de quien venga, de que es una luz nueva sobre la piedra removida, redonda, de la tumba de Manuel.

Fue un monstruo que murió de una manera monstruosa...

«Me duelen los riñones, doctor. No veo, no llego a mover las piernas». Más palabras en el rosario de las que se dijeron o no se dijeron. La leyenda, la verdad y la mentira, todo en el mismo sombrero de panamá blanco de la elección del destino.

Por ejemplo, ¿le han dicho a usted que Manolete preguntó preocupado, «qué pasa, que me vais a pinchar otra vez»? ¿Y le han dicho alguna vez que el torero dijo, abriendo los ojos, antes del segundo suero «me encuentro bien, me encuentro bien...»?

Tal vez fue lo que llaman, que es verdad, «la mejoría de la muerte». Si las palabras que se pronuncian se quedan en la bóveda de cristal del tiempo que vivimos, en el vientre de ballena del que se fue, allí estarán todas las palabras del torero, pálidas, sueltas, como zorzales, esperando el momento de ser exhibidas. Cada uno defiende con fiereza, con fuerza, con rigor y amor, con pasión y sensación, lo que le importa de esa noche, todavía oscura, pero con algún destello de luz.

—Me ha dicho el 'Pipo' que goteaba la sangre de Manolete a través del colchón de borra y también me lo ha contado don Álvaro Domecq.

—Esas son cosas que dicen, mire usted. Había sangre, mucha, claro, en las sábanas. Fue una gran cornada. Era un chorro de sangre, pero después de la operación sólo la sangre de los que la ofrecían y punto, la necesaria: la que era la suya, la de Miguel Dominguín, que no era buena y no se la pusimos, naturalmente, y la del cabo de la policía, el guardia de asalto amigo de Manolete, porque le pusieron mucha. Pero no todos los que dicen que se la dieron estuvieron allí siquiera. Incluso yo he recibido una tarjeta de visita, hace poco, de alguien que ha convertido lo que aquella noche hizo en una medalla de sufrimientos por la patria, en una condecoración: «Fulanito de tal, que donó sangre a Manolete el día veintiocho de agosto del mil novecientos cuarenta y siete...»

Y a mucha honra. ¡Ay, este pueblo hermoso y terrible a la vez! ¡Ay, esta España del Sur, del milagro y de la faca!

—Quien si se puede decir, doctor, que recibió ese mismo día también una gran cornada, una monstruosa cornada, fue el pueblo... Se dijeron tantas cosas...

Así que ni una gota de sangre de más ni de menos. El hijo defiende en pie, paseando por la gran sala, el oficio, la buena ley de su padre.

—Mi padre sufrió mucho, muchísimo, incluso le echaron encima la cruz y la culpa, como si se tratara de un asesino. Tuvo que defenderse. A un periodista de Córdoba, del que ahora mismo no recuerdo su nombre, le envió una carta diciéndole que él no tenía que defenderse de nada ni de nadie, que estaba su conciencia tranquila, que hizo lo que tenía que hacer. Recibió día tras día —yo estaba cerca— el aplauso de sus compañeros de profesión y, poco a poco, también el de la calle. Lo mató el plasma, así dicho, de pronto. Mi padre sólo hizo, hasta donde podía, nada más que cumplir con su deber.

—Pero él, en un momento dado, con la palabra entre los dientes, pudo defenderse, aunque sé que fue traicionado. Tenía nombres; se conocían los hechos...

—No lo hizo por no hacerle daño a algún compañero. Así que, incluso su silencio se creyó que era un silencio cómplice. Él se echó encima la culpa y dejó que el tiempo fuera pasando.

—Además, doctor, Manolete era un hombre físicamente agotado...

—Manolete era hipotenso, tenía poca salud. Hay que decir algo que se dice pocas veces. Manolete se tiró a por el toro de una manera increíble, como jugándose la vida en un momento… Se lo digo yo que estaba allí. Es una declaración de principios y de finales formidable, de la que vengo y a la que voy. La hematología estaba en mantillas, pero el material de la enfermería de la plaza, el necesario, estaba limpio y a punto, como mandaban los reglamentos taurinos. Hombre, lo que pasa es que no era una enfermería de una plaza de toros de las grandes, pero no faltaba nada de nada.

En ocasiones en la cima hay silencios, alguno que otro como si tomáramos algo de Jaén, como si respiráramos, como si no pudiéramos con tanta verdad junta.

—O sea, doctor, ¿quién mata a Manolete?

—Lo mata, lo decía mi padre, el toro, primero el toro y después el suero. El toro es imprescindible en esta historia, es la hipotenusa de este triángulo. Los tres lados del triángulo, a saber: el toro, el torero y el suero.

—¿Y por qué no lo dijo usted antes, doctor?

—Porque estaba vivo mi padre y no quería hacerle daño removiendo otra vez la misma historia, aunque no es verdad que a Manolete lo matara un médico de Linares. Mi padre murió el uno de diciembre del noventa, con noventa y siete años, y la vida fue dura con él, porque murió de un derrame cerebral y de desesperación, porque quería gritar sobre su verdad y no podía hacerlo... Siempre tuvo, hasta el día de su muerte, esa historia viva en su cabeza y en su corazón...

El hijo, su hijo, heredó del padre el oficio, la mano, y también, con la herencia, la necesidad urgente de la defensa del jefe de enfermería, amigo de los toreros de toda una época. Linares tiene la raza y la casta de los pueblos del Sur, dolientes, humildes, generosos en la sangre y en la historia, y es por eso que el doctor quería, y quiere, que la verdad, como una hostia, resplandezca. Es la gran verdad del Viático.

—Tengo buenos, muy buenos amigos toreros. Durante un tiempo no quería ni bajar a Córdoba, como si me sintiera algo culpable, por parte de mi padre, de un crimen general. Ahora estoy tranquilo, por fin se sabe la verdad, porque ésta es para mí la hora de la verdad, de la verdad de mi padre y de la mía.

DON ÁLVARO DOMECQ. EL CABALLERO DE LA MANO EN EL LECHO.

En el lecho de muerte —en la foto incontestable que lo dice todo, que lo grita todo, que todo lo cuenta— ahí está don Álvaro Domecq , al que siempre hablaba de usted el torero, incluso cuando le hablaba de tú; al que echaba por delante el don, aunque no hiciera falta. Bastaba que le dijeran, «que ha llamado el caballero», y se sabía que era don Álvaro. Contaba con el respeto del torero, a caballo y andando, en la plaza y en la vida. Don Álvaro Domecq, su consejero, su compañero, aquél al que tanto admiraba el torero de a pie; el consejero fiel de su madre, la mano sobre el hombro del de luces en su vida económica y sentimental, el que le llevaba las cuentas del cuerpo y del alma.

Con don Álvaro Domecq he hablado mucho, muchísimo, a lo largo de los años, sobre Manolete; cuando le llamaba para la prensa, la radio, la televisión o para, simplemente, encontrarnos y despejar una duda. Tenía su teléfono directo e, incluso, me dijo en cierta ocasión: «Que a ver cuándo tienes tiempo y escribimos el libro de mis memorias, que no me quedan más que tres telediarios».

Pero aguantó muchos más a lo largo de los años: aquella larga noche de México, con Antonio Ariza en su casa de Texcoco; en la Finca de los Alburejos, junto al patio, entre buganvillas de sangre —igual lo he escrito antes—; en el hall del Palace, viendo pasar a las niñas en flor del mediodía, cerca de la Sala Hemingway; o en Córdoba, en el hotel Meliá. Y tantas veces como hablamos de lo mismo. Además, está grabado entero, la misma confesión:

—Tico, que yo estaba allí, que no te engañen, que Manolete no pidió ver a Lupe Sino, porque si lo pide es una última voluntad, y aunque no nos hubiera gustado, ni a don José Flores Camará ni a mí, la habríamos dejado que pasara. En ni un solo momento Manolo pronunció el nombre de Lupe. No miento, porque si lo quiere, entra. Además Lupe no estaba allí, sino lejos, en Lanjarón, tomando las aguas. Cuando el mozo de espadas le avisó de lo que pasaba Lupe se vino desde la Alpujarra de Granada hasta aquí, por ver si llegaba a tiempo.

Muchas veces hablé con don Álvaro de ese crucifijo, entre las manos de Manolete, y en más de una ocasión lo buscó en el fondo de su chaqueta campera. Una vez me lo ofreció y no habíamos aún bebido nada:

—Sube conmigo a la habitación, aquí en el Palace, que siempre lo llevo conmigo. Es lo primero que echo en la maleta. Me lo regaló un dominico al que yo quería mucho, era mi consejero, y quise que estuviera entre los dedos de Manolo después de su muerte.

—¿Y?

—Después, por si se perdía —que era fácil en aquella marabunta, sobre todo de afectos— cuando todo se había acabado me lo volví a llevar. Desde entonces es lo primero que echo en la maleta, vaya donde vaya.

Don Álvaro siempre recordó conmigo el reloj doloroso de la gota de sangre sobre la palangana, después de atravesar el colchón de borra, y también aquello de:

—Cuando vi que se nos moría le pregunté, en un momento de lucidez, si no le gustaría que acudiera a su lado un cura, el capellán de la plaza o el sacerdote del hospital. Manolete abrió mucho los ojos, mucho más de lo habitual y me miró, no con un gesto de miedo, no de duda, sino como diciéndome: «Si usted lo dice, caballero...» Así que vino el cura, que luego desapareció en el tumulto de la vida. Se fue hasta la Argentina, al parecer dicen que huyendo —era un buen sacerdote—, como quien no quiere saber nada de nada. Lo que sí sé yo es que hablaron los dos, sobre todo el cura, porque en esos instantes lo único que hace uno, por lo visto, es acordarse de todo, por poco tiempo que tenga, y nada más. No hay que especificar. El cura le dio la absolución, le bendijo y punto.

—Don Álvaro, ¿y no le pediría que esperara la llegada de Lupe para casarlos 'in artículo mortis'? ¡Se ha dicho tanto sobre el tema...!

—Mucho, y lo que se dirá. Pero yo cuento lo que vi. Yo estaba allí.

Años después, desde Jerez a los Alburejos, a la altura de aquella curva del camino donde murieron sus nietas en un accidente de coche, del que ya no levantó cabeza don Álvaro, íbamos hablando, siempre, siempre de Manolete, de ida o de vuelta. Allí paraba el coche, se santiguaba y después seguíamos camino, y Manolete estaba entre nosotros, porque era lo que nos unía y nunca nos separaba.

Don Álvaro con los tirantes de campo, con el sombrero plano; don Álvaro a caballo, y a pie en los últimos años, mientras sonaban cerca los cascos de los corceles sobre la piedra brillante.

— Pero de verdad, ¿qué mató a Manolete? ¿Podemos hablar de quién mató a Manolete señalando con el dedo?

—Hombre, es la vida la que mata. Sólo Dios lo sabe.

—Dios y usted, marqués, Dios y usted, que sé que está muy cerca.

—Pero no me llames marqués, aunque lo sea. Aquí mismo, donde estás sentado tú, hemos hablado Manolete y yo muchas veces, de muchas cosas, pero sobre todo del futuro, de lo que haría después. Nosotros, Camará y yo, le íbamos comprando las fincas, le ordenábamos el dinero que entraba. Éramos sus albaceas, con el consentimiento de su madre. Éramos los «veedores» —como se dice con los que ven los toros—, de las tierras y los cortijos que creíamos eran buenos para él. Manuel estaba a lo suyo, torear, que no era poco, y tenía gran confianza en nosotros, entre otras cosas, porque era una persona muy inteligente y sabía que no le estábamos engañando.

—¿Pero quién fue, que falló esa tarde noche, madrugada de su muerte?

—Dios lo quiso y ya está. Estaba escrito...

—¡Cómo que estaba escrito, don Álvaro! No estaba escrito...

—Sin embargo, todos cumplieron. Cumplimos con nuestra obligación, con el papel que nos había sido reservado en el drama. Muchas noches me despierto en mi cama pensando en eso. ¿Hicimos lo que debíamos hacer? ¿Qué nos faltó? ¿Qué nos sobró?

—Me han dicho muchos que si el doctor Garrido le hubiera hecho la cura que tenía que hacer, el torero se salva.

—¿Y eso cómo se sabe? Lo que sí sé es que hubo un momento de esperanza, pero que en seguida todo volvió a la oscuridad... ¿Has hablado con Fernando Garrido hijo?

—Un día de estos, en Jaén. Claro que sí.

—Pues que él te diga lo que es un secreto a voces. José Luis Córdoba, el periodista de Córdoba que tanto ha escrito, y tan bien, sobre Manolete, asegura, desde su honradez y su rigor, que muchas cosas se reunieron para que se hiciera la muerte en el cuerpo de Manolete. Pero que una cosa sí que era cierta, que el torero tenía un cuerpo muy falto de fuerza, con muchas necesidades psíquicas y anímicas... Era un cuerpo a destruir... En cuanto a mi sitio en esta última foto, como tú dices, es que estaba escrito que yo estuviera allí. Mira por donde los dos éramos de los mismos años, de la misma quinta, porque no sé si lo sabes, pero yo nací en Jerez, claro, el uno de julio del mil novecientos diecisiete y Manolete tres días después, el cuatro de julio. Lo comentábamos mucho y eso mismo nos hacía ser más amigos. De la misma quinta...

—¿Y es verdad que siempre que se dirigía a usted le decía 'caballero', en lugar de llamarle por su nombre de pila?

—Así es, aunque no te lo creas. Yo se lo aceptaba porque sé que lo decía siempre desde el respeto. Siempre tenía mucha fe en mí.

—Porque usted, ese veintiocho de agosto, estaba en Linares por casualidad...

—Ea. Yo estaba como a esta distancia, en la barrera, así que lo vi, con estos ojos y con toda claridad, que como uno ya ha visto tanto me eché al callejón para seguir a los que llevaban a Manolete hasta la enfermería. Todo el mundo sabe ya, es historia, lo de que se equivocaron —en la angustia, en los nervios— de camino y tiraron, con Manolete encima, por el sitio contrario.

—Me han contado que en la enfermería no entró usted, sin embargo...

—Y no por falta de ganas. Lo que sí sé es que me fui corriendo hacia el hospital para preparar las cosas que había que tener a punto. He contado a medio mundo que nosotros, Manuel y yo, habíamos toreado para ese hospital a beneficio de la caridad algún tiempo antes, así que tenía unas monjitas amigas dentro. Lo preparé todo porque sabía, presentía, que inmediatamente traerían, como fuera, a Manolete.

Después volví a la enfermería de la plaza, un trajín angustioso, un ir y venir sin saber, en el fondo, lo que podía hacer por él, como ayudarle.

—¿Y es verdad lo de la gota de sangre atravesando el colchón y sonando en la jofaina desconchada, en el suelo, que pregunto a todo el mundo?

—Yo no sé si la 'zafa' estaba oxidada o no. Lo que sí es que la sangre de Manolete atravesaba el colchón y caía en la palangana. Eso es todo. Hablé con Garrido, que era un médico excelente y un buen amigo nuestro, de Manolete y mío, de los dos. He escrito en alguna ocasión que el torero se moría, según comentó Parrado —que estaba allí y que dio sangre por el torero— porque no había en aquella habitación lo suficiente para sobrevivir: sobraba gente y faltaba mucho. Eran las enfermerías de las plazas de entonces. Una pena, un dolor, a veces un crimen. Las luces no eran buenas, los focos un desastre si había que operar, y sangre, sangre, suero hecho sangre: el plasma. Para hacer un traslado inmediato, nada. «La hemos pedido a Jaén», me dijo el doctor Garrido, «pero ni allí había tampoco. A ver qué podemos hacer, porque el torero está perdiendo muchísima sangre, se está desangrando y no hay quien tapone esa herida».

Don Álvaro se quita el sombrero plano, en los Alburejos. Adivino que es como una forma de luto, como una memoria.

—Mira, siempre llevo conmigo este recordatorio de Manolete, de su funeral, que te mira a la cara, ¡y cómo te mira! Que si veo ahora mismo es a ese Manolete, tendido como un gladiador en la mitad de la noche, con el coche verde aparcado en medio de la plaza por si hacía falta, bajo la luna; y luego llevándolo en parihuela, entre algunos, camino del hospital... Era un cuadro terrible que no se puede imaginar en toda su intensidad si no se ha vivido. Lo he dicho más de una vez. Manolete no debió morirse, al menos ese día. Fallaron muchas cosas. Fallaron todas.

—¿Fallaron los hombres o fallaron las maquinas?

—Sólo te diré que cuando llegó la transfusión —que todo el mundo lo ha escuchado cien veces—, con aquel plasma que yo no sé de donde, lo cierto es que ya no pudo más. Se había fumado el último cigarrillo —unas chupadas tan solo—, se había aliviado para con Dios con el cura y se nos murió a todos. Sí señor, a todos, entre los brazos, sin que pudiéramos hacer nada por impedirlo.

Ha contado don Álvaro alguna vez, aunque pocas, que cuando le llevó al cura de Linares para que le echara una bendición, más que escuchar un acto de contrición —que no estaba el horno para ceremonias— alguien le dijo cerca: «No me lo mates, don Álvaro, que cuando Manolo vea al cura se nos va a morir del susto». «¡A Manolete», dicen que respondí, «no hay quien lo mate!».

La ceremonia oscura del dolor, del adiós, la absolución, 'ego te absolvo'. Dicen que Manolete respondió a la pregunta del cura moviendo la cabeza, sí, y que el cura le bendijo. He leído —y lo he reunido para este último documento, espero, sobre

Manolete, en su última hora de la verdad de todos los años por estas fechas—, que don Álvaro explicó en alguna conferencia, en algunos ejercicios espirituales, que había leído en los hechos de los apóstoles que entre los mártires de la época de Jesús hubo uno, que se llamaba Esteban, que cuando sus enemigos apóstatas estaban matándolo, notaron en su rostro —estaba escrito en los libros viejos— como una rara luz que le iluminaba por dentro, como un farolillo chino; y que él, don Álvaro, vio que lo que había leído en un libro antiguo era verdad y se hacía realidad en el rostro de Manolete. En aquel sitio y a aquella hora.

—Lo que sí escuché y no olvido, porque hay cosas que no se olvidan, es cómo dijo aquel cura de Linares lo de «yo te perdono en el nombre del padre, del hijo y del espíritu santo.»

Y punto.

—Yo estaba allí, así que sé muy bien lo que preguntaba, lo que quería. Preguntó por su madre, como si ya se hubiera enterado —quien en efecto lo sabía y en el coche de un amigo atravesaba ya toda la llanura castellana camino de Manuel. Nadie le había dicho la verdad, conociendo en su entraña de madre, adivinando, que su hijo se estaba muriendo. 'Don Álvaro o la fuerza del sino', que me diría. Había también en él una pregunta de torero, torero de los pies a la cabeza:

«—Don Álvaro, dígamelo usted —me preguntó, mirándome a los ojos—, ¿me han dado la oreja?

— Las dos y el rabo, Maestro.»

—Y luego sí es cierto que entró don Luis Jiménez Guinea, que era muy amigo nuestro, con el plasma que podría salvarle. Nadie dijo eso, pero todo el mundo pensó que así podría ser. Don Luis era una autoridad en la materia.

Dicen que atravesó media España para llegar a Linares, en la alta madrugada, en un Simca azul, pequeño y rápido, parando en las ventas del camino a tomar un café o a ver las últimas noticias que daba la radio, o sencillamente para cambiarle el hielo a la última esperanza.

La leyenda asegura que se trataba de unas unidades de penicilina, ese invento de Fleming, maravilloso, que acababa de llegar al mundo de los toros y que salvaría a tantos toreros de la muerte tiempo después. Muchos de luces la llevarían en sus altares de la devoción, junto a las vírgenes, los cristos y los santos de su tiempo. Penicilina de urgencia, tal vez recogida al paso en Chicote, donde también se conseguían las medias de cristal de raya seguida y los frascos de perfume francés.

Qué sabe nadie. Lo que sí se sabe es que lo que se inyectó al torero en vena —las venas como cuerdas de guitarra, como las de Camarón antes de morir, en olor de santidad— fue plasma de Cádiz, sangre en polvo, licuada allí mismo en una cucharilla. Por esa sangre-galleta —así podríamos llamar a ese plasma fuera de servicio, sobrante de los días terribles, inmediatos, en que Cádiz fue un gran polvorín de sangre y de dolor…

«—Don Luis que no veo...

—¿Cómo dices hijo?

—Que no veo, que no veo.... ¡Qué disgusto más grande le voy a dar a mi madre cuando se entere!»

Se murió el torero y nació la leyenda, ésa de la que bebemos esta tarde de agosto cien veces más. Don Álvaro me confiesa, abriendo siempre el mismo libro, por la misma página:

—Lo que sí puedo decir es lo que he escrito en el libro de mi vida, viejo amigo, cuando termino hablando de Manolete. Y sí hubo un crucifijo, que aquí está. Éste. Tócalo, Tico, tócalo, para que compruebes su fuerza espiritual...

Don Álvaro Domecq me da a entender que, con él en las manos, bien pudo no morirse Manolete para seguir cortando orejas en la felicidad eterna.

Tengo que preguntarle a Álvaro Domecq hijo, heredero en tantas cosas de su padre, y con quien a veces en la vía del AVE me encuentro, cada uno para un sitio:

—...vengo de ver a José Tomás y voy al espectáculo de mis caballos. Ese chico lo que quiere es que lo mate un toro. Está deseando ser Manolete, pero no lo es.

Aprovecho para, querido Álvaro, preguntarle:

—¿Dónde está ese Cristo del dominico? ¿Lo llevó tu padre en sus días últimos o le acompaña hasta más allá de donde habitan los recuerdos? Aquel día que tu padre me lo ofreció, no sé por qué, yo que soy tan fetichista, no lo hice, no lo toqué, más por respeto que por superstición. ¿Por qué no lo haría? Lo que sí sé es que siempre me da la sensación de que todos los que estuvieron en esa foto, tan española, tan nuestra, guardan algún secreto, o lo guardaron; los vivos y los muertos, como cuando Rafael Sánchez,' Pipo', comentaba en vivo, en aquella cafetería del momento, cerca de un monumento a los héroes de Baler, en Madrid, en la avenida Islas Filipinas:

—Siempre recordaré aquel monte de Venus, cuando lo amortajábamos...

—Monte de Venus, don Rafael, es para la mujer. Ya sabe usted que a veces se le va el santo al cielo cuando habla de Manolete.

—Es que yo ayudé a envolver a Manolete en aquella sábana blanca, dura, de momia, para lo último, y no tenía lo que tenemos los hombres. Sería del susto de la muerte. Tenía sus partes blancas y, además, era como si tuviera dos ombligos... Pobre don Manuel. Yo fui el que desanudé de su cara el pañuelo que le habíamos puesto para encajarle los huesos.

Siempre quedan flecos. Siempre. Yo lo que hago es recortarlos, reunirlos, enhebrarlos. Tres versiones distintas en tres momentos iguales.

—¿Y como olía esa noche, 'Pipo'? ¿A qué olía el cuerpo de Manolete?

—A pena, a mucha pena: a cloroformo, a zotal... ¿Y sabes a que olía también ahora que recuerdo?

—¿A...?

—Como a traición, porque en aquel gran silencio no nos atrevíamos ni a mirarnos los unos a los otros.

Bebía don Rafael su copa de *whisky*, de vientre ancho, más que con deleite como quien paladea el dolor que no se pasa, que no remite.

—Olía a culpa. Eso es, olía a culpa. Pero culpa nuestra, no suya.

* * *

LUIS MIGUEL DOMINGUÍN

Esto podría ser Namibia y de algún rincón de esta choza redonda, confortable, podría salir el gran cazador de elefantes valenciano Tony Sánchez Ariño, con el que tantas veces hablé de los cementerios de marfil y los grandes paquidermos. Pero no estamos en el corazón de África y Robert Redford no ha venido. Sí uno de los bellos oficiales del mundo del espectáculo en el que nos movemos hace ya muchos años, Luis Miguel Dominguín —del que, por cierto, acaban de publicarse últimamente dos libros.

Ésta es 'La Virgen', una de las más famosas fincas de caza de que se tiene noticia en el Sur de Europa. Más de doce mil hectáreas valladas donde, desde hace unos años, Dominguín, la leyenda, se esconde del mundo que le rodea, que le cerca, y al que ha pertenecido y pertenece. Dicen que está atravesando una etapa mística y que su nueva esposa, Rosario, le ha puesto los puntos sobre las íes a sus idas y venidas, algunas dramáticas, por el mundo rosa —de rosa y oro iba vestido Manolete aquella tarde aciaga de Linares. Además, parece tranquilo, sereno, despejado. Tiene donde mirar, sin que le tiemble el pulso, a todo lo que alcanza la vista a la puerta de esta chabola redonda, de diseño, como de «Memorias de África» y decir, sin demasiado orgullo, «todo lo que veo es mío».

Hace ya algún tiempo —soy muy malo para las fechas, aunque las fechas legitiman— Luis Miguel nos citó a Emilio Romero y a mí, por ese orden, a la Casa de Suecia de Madrid —un hotel impecable y limpio, casi con aspecto de clínica— para comer salmón, naturalmente, y hablar del retorno. Luis Miguel Dominguín quería que yo le acompañara en su vuelta.

—El traje me lo ha hecho Alberti y va a ser una sensación. Además, me gusta lo que haces y cómo lo haces.

Lo cuento porque uno está ya de vuelta de todo o de casi todo, pero ya tenía yo, incluso entonces, clavado el espolón de los gallos de pelea de los burdeles de pluma de Puerto Rico. Emilio dio el visto bueno. Creo que hasta se habló de dinero —que es fundamental en esto y en todo— pero yo me salí por la tangente, aliviándome, tomando el olivo.

—Miguel, yo te lo agradezco, pero va a ser insoportable. No nos vamos a llevar bien ni dentro de la plaza ni fuera de la plaza.

Así que se eligió a una tercera persona, extraordinario escritor, judío decantado, periodista bueno, reportero de muy buenas maneras: Juan Pla, que a veces me escribe o me cuenta algo desde Palma de Mallorca. En el postre, y antes de entrar en los cafés, Miguel me puso la fruta más dulce en la boca, lo recuerdo perfectamente.

—Y además, en los ratos libres, tendremos mucho tiempo para que te cuente cosas de Manolete, que sé que te gusta tanto y del que llevas no sé cuánto tiempo escribiendo un libro. A ver si lo terminas de una vez, hombre.

Pero ni por esas. El torero se fue a cazar el Gran Elefante, con Toni Sánchez Ariño, al corazón tenebroso de África y yo seguí mi camino toreando otros toros, no por eso menos ásperos que el de Luis Miguel. Pero yo me quedé con la copla y le pedí audiencia al diestro, y hasta a su Virgen, en la Serranía de Andújar. Subí por veredas y trocheros...

—Conforme se llega a la ermita de la Señora de la Cabeza, tomas un indicativo que hay a la derecha, que ya habrá alguien esperándote. Y vente sin prisas. Por cierto, ¿cazas?

—No, pero escribo de caza todos los meses en Trofeo, desde hace no sé cuantos años.

—Lo sé, que te leo siempre que puedo. Es la mejor manera de escribir de algo, hacerlo desde la distancia, como el que nada sabe y se sorprende por todo. Ea, te estarán esperando. Te espero a comer. ¿Traes fotógrafo?

—No. Llevo la cámara conmigo, ya sabes. Pero sobre todo la grabadora me acompaña como mi querida.

Se rió a lo lejos, por el teléfono de campaña —que luego comprobé que era verde, ancho, de goma, con motor incorporado— y me subí hasta 'La Virgen', en otoño. El torero me esperaba en el umbral de la casa del rey Wantu, una especie de lugar inimaginable, con chimenea incorporada, lleno de trofeos de la África lejana y misteriosa: la del cuerno del ñu afilado como un cuchillo, el íbix, la pata del rinoceronte trabajada sobre plata antigua; las nieves del Kilimanjaro en Jaén. Solo faltaba que entrara, de un momento a otro, por ejemplo, Grace Kelly —no digo Ava Gardner por no caer en la tentación de contar otra vez la historia que hizo más grande, en la cama, en la alcoba, a Dominguín.

—Primero algo que tomar. ¿Te va un gin tónic?

—Claro, Miguel, forma parte del paisaje.

—Que traigan también un poco de jamón, de los nuestros, y en seguida comemos. ¿Quieres que hablemos primero?

—Quiero. He venido a eso, maestro.

Él sabe que a mí me gustan las grandes palabras... Rosario está aquí cerca, pero como quien no está, con unas gafas de medio punto sobre la nariz. Va discreta y elegante. Podría parecer una estampa doméstica, de patio de casa del Sur, si no fuéramos a hablar de lo que hablamos: de un asesinato.

—¿De un asesinato dices? Pues empezamos, Tico, muy fuerte para abrir boca, pero tenemos toda la tarde por delante. Además, te voy a llevar a que veas un paisaje sobre el lago y a que, si te animas, tires unos tiros, aunque sea a las codornices. Estamos en tiempo. Además, no se va a enterar nadie, todo lo que ves es nuestro. De Rosario y mío.

Rosario Primo de Rivera levanta la fina cabeza otoñal del trabajo.

—Dirás tuyo, Miguel. Especifica.

—Mío no, nuestro, que todo lo que es mío, lo bueno y lo malo, es de los dos. Ya te lo he dicho no sé cuántas veces.

Le recuerdo, de entrada, a Luis Miguel, que está guapo, cuidado: el fino cuello de jirafa, buena piel de antílope trabajado, alta bota con legui de coronel inglés, camisa de cuadros de la calle Serrano, bien peinado. No me atrevería a negar que incluso Rosario Primo de Rivera le hubiera dado unos toques de peine, con el de los dientes de plata del cuarto de invitados, a la entrada, para mejorar su imagen. También debo comentar que hay perro y hay caballo. El caballo con la montura puesta; el perro, hermoso, de los que te mira a los ojos, un leal. Ya lo dice el refrán popular: «Perro, caballo y mujer, cortijo es».

—¿Recuerdas aquel día, hace no sé cuantos años, que te hicimos Yale y yo aquella entrevista en el juicio sumarísimo de la tele; aquella en la que acusábamos a todo el mundo y te señalamos con el dedo de que eras el culpable de la muerte de Manolete?

Se ríe, cómodo. Para empezar le va bien la lidia. Han traído el servicio y todavía pregunta, como el elegante al que gusta señalar las pequeñas cosas que confirman los hechos más grandes:

—El limón del gin, ¿es nuestro?

—Sí señor, de los del patio trasero de la casa grande.

—Eso está mejor —y mirándome, lo veo en este instante con sólo entornar los ojos—. Quiero que te sientas en tu casa. Si llama por teléfono el doctor le dices que he salido a dar un paseo y que esta tarde le llamo, que me hace falta hablar con él. Mucha falta, que me tiene que echar una mano.

El doctor Vallejo Nájera —anoto su nombre a vuela pluma— es su médico del alma, más que del cuerpo. A mí me atendió también un día que tenía algún miasma en el cerebro, algún problema interior. El doctor —que le había enseñado a rezar el rosario con Rosario— era muy amigo de Luis Miguel y se pasaba aquí grandes temporadas. A mí, además —vivíamos cerca en el campo talaverano — me inició en el arte 'naif'. Por cierto…

—Por cierto —recoge el hilo el torero, sonriendo con sus dientes pequeños. También tiene una cicatriz de espejo, la buena firma, la que acredita el producto de verdad—, que quiero que sepas que nos vio Franco aquella tarde, en la tele. Me lo dijo el fin de semana siguiente, aquí cerca, en Arroyo Amargo, en la finca del padre de su yerno. Me dijo: «Hizo usted bien en decirles lo que dijo, lo de que no era Islero, sino Luis Miguel González Lucas».

El canasto lleno de cerezas, de largos rabos. La memoria saliendo a flote mientras sobre el lago inmenso planean espátulas y flamencos.

—Son los rosas. Van camino de Málaga, cerca del mar, en el ciclo implacable. Buscan que el tiempo refresque.

—Me gustaría preguntarte, Miguel, si es verdad lo que decían, que Manolete creía... —no me atrevo a plantear la pregunta en su desnudez, como quien pone un cuchillo jamonero sobre una mesa de almuerzo.

—Pregunta, hombre pregunta; que Manolete creía que yo le estaba poniendo los cuernos con su novia, ¿no? ¡Ea! O que si Manuel le había descubierto a su amigo Antonio Bellón —mío también, y nuestro, que sé que es compañero tuyo en Pueblo— que le habían dicho que yo llevaba, entre mis medallas, un anillo de oro que le había regalado su novio.

—Vale. A eso vengo. Era, es, una de mis preguntas.

Rosario hace mutis, despacio, como quien desaparece para no seguir escuchando la misma cantinela.

—Vamos a ver, Tico, podría haber sido que yo estuviera cerca de Lupe, de la 'Nena', como la decíamos; pero había muchos toreros... Bueno, algunos, que la habían conocido de cerca años atrás, antes de que apareciera Manuel en escena. Claro, que si quieres saber si yo me acosté con ella —si es que te dejan publicarlo—, pues te diré que no. Tampoco me atraía mucho y, además, eso no se hace con un amigo con el que toreas todos los días. Ten en cuenta que Manuel siempre llevaba sus problemas sentimentales y familiares a la plaza, sujetos con el imperdible de las medallas a su camisa de almidón. A Lupe la conocía mucha gente del mundo del toro. Había quien la quería y había quien no, ya sabes. Pero a mí no me llamó la atención particularmente. Yo estaba acostumbrado a mujeres espléndidas —perdona por la vanagloria— y, además, no iba a ponerle los cuernos a una persona tan cercana como Manuel, que toreaba conmigo por lo menos una tarde sí y otra no. Hubiera sido una canallada. Pero es que ella, la pobre, andaba por el planeta del toro a su aire y se movía a sus anchas hasta que apareció Manolo. Pero a mí me daba la sensación —no sé si es la primera vez que lo digo— de que él creía que así era, que yo le estaba engañando. Verás, yo tuve muchas ocasiones, incluso el mismo día que pasó lo que pasó, de haberle dicho a Manuel, con la camiseta puesta o con el traje de luces: «No te preocupes por mí, que yo no te estoy haciendo daño». Pero él ya me había dicho a mí, sin embargo, el mismo día, la misma tarde de Linares, en el mismo hotel, justo antes de hacer los dos el paseíllo: «Te viene una buena, Miguel. Prepárate, porque en cuanto que yo me vaya de esto todo va a caer sobre ti. Porque te lo juro, que quiero irme cuanto antes de esta mentira... Es como vivir en la mitad de un infierno».

A veces sonaba un disparo lejano. Quizás un furtivo o, a lo mejor, uno de eso tiros secos para espantar a las palomas de la huerta. Un cencerro grande, inmenso, como la campana de una catedral, pasa sobre nuestras cabezas —un largo rebaño aéreo de palomas que viene de Torrecampo, camino el Sur, y que ha podido escapar de las escopetas, esas de doble cañón de los navarros que bajan de Estella a buscarlas.

—Miguel, ¿y es verdad eso de que llevaba Manolete el rictus de la muerte en la cara?

—Siempre lo llevaba. Era un hombre serio, triste. Pero los últimos días parecía, más que un sello, un grito. A mí me dijo textualmente, antes de que nos vistiéramos —por cierto, que era lunes, ¿sabes?— y antes de que hiciéramos juntos el paseíllo, que estaba toreando a disgusto. Sé que hablar ahora de esto, a 'toro pasao', nunca mejor dicho, es fácil, porque los muertos no hablan. Pero lo que sí te puedo decir es que, sin querernos, nos admirábamos. Nos teníamos respeto y yo, por lo menos a él, admiración; porque era un torero verdadero, estuviera donde estuviera, y porque no permitía la mentira.

—¿Islero estaba arreglado?

—¡Se han dicho tantas cosas y tantas falsas! Nosotros, los míos y yo, que hemos hablado tantas veces de esto en mi familia, creíamos que no, pero a lo mejor quién sabe... Que se arreglaban toros, claro, de siempre. Pero además no hay cáscaras, lo mató el toro y punto. Lo que sí te puedo decir es que ese mediodía, en el encuentro —yo con la toalla en torno a la cintura y él casi desnudo, mientras iban y venían unos y otros en el mismo pasillo— noté que había en él como una rara luz de profecía. Sabes que a mí no me gustan las palabras mal pronunciadas, por eso quiero marcar bien lo que digo, Tico. Lo recuerdo como si lo estuviera escuchando ahora mismo, en la penumbra, cuando me dijo:

—Te va a caer una buena, Miguel. Están esperando a que yo me vaya para machacarte. Lo sabes bien, ¿no?

—Claro que lo sé, Manuel, claro que lo sé. Pero tú, en cuanto puedas, descansa. Te vas al campo o a navegar por ahí...

—A mí me gusta mucho el mar, Miguel, y a Lupe lo mismo. Lo que sí quiero decirte es que, en cuanto pueda, me caso. Para el otoño... ¿Te gustaría venir a mi boda?

—Tampoco tengas prisa, Manolo; no hay que tener prisa ni para escapar. Tú, tranquilo, que esta tarde estés como quieres estar y mañana mismo tomas una decisión. Pero no ahora mismo, antes de salir a torear.

—La decisión está tomada, Luis Miguel. En otoño me corto la coleta y me caso, pase lo que pase. Esto es insoportable, no me quedan fuerzas ni para tomar la decisión.

Apareció Camará, siempre con las gafas oscuras puestas, como si hiciera un sol de canícula.

—¿Cómo está la corría, don José?

—Es muy chica, cómoda. He estado con Antonio Bellón en los corrales. Por cierto, que ha ofrecido su sombrero, ese que lleva siempre a los toros, todas las tardes. En él se han movido las fichas. Sé que a ti, Manuel, te han tocado dos cómodos, de cabeza.

—Lo mismo me da, don José, lo mismo me da».

Patético, cargado a cuestas con la cruz del destino. Harto, «jartito», hasta los calcañares, deseando acabar cuanto antes. Pasó cerca, en el estrecho pasillo, el sobrino de Manuel, 'Lagartijo', hijo de su hermanastra. Compartía con él la misma habitación, esa en la que yo he dormido una noche con los ojos bien abiertos, escuchando el galope del viejo tordo de mi corazón. Venía yo de visitar a Manuel Lozano Garrido, el periodista de Dios, aquél al que el dolor había clavado en una silla de ruedas y ante el que yo me ponía de rodillas para poder apreciar, siquiera, la sonrisa que le habitaba. Iba yo a Torrecampo, donde hay una virgen en una ermita preciosa, en un vallecito, que tiene un tiro en mitad de la frente. Siempre me preocupó esa historia. Quería hacerme con ella y saber quien la fusiló durante la guerra y huyó después —que no es fácil seguir viviendo en una aldea de piedra y cal en la que todo el mundo se conoce. Y pedí en agosto, cerca del día antes de la feria, la habitación que ocupó el torero. Era una habitación interior que daba a un patio, sencilla, desnuda, más bien umbría. No fue fácil de conseguir, entre otras razones, porque desde todo el mundo se recibían peticiones para pasar en ella siquiera una noche.

LAS VERDADES Y LAS MENTIRAS A LA HORA DE LA VERDAD

Almorzamos en la misma mesa Rosario, Luis Miguel y este periodista. Yo iba tomando notas en mi cuaderno de hule negro.

—¿Tú echas la siesta?

—Hombre...

—Pues ya tienes habitación. Ahí mismo, fresquita y silenciosa. Si acaso vas a escuchar algún grito de la berrea, que a mí me apasiona, por cierto. Descansa. En cuanto la tarde se vaya acostando nos volvemos a ver en el porche. Después damos un garbeo por el campo y seguimos aclarando, aunque ya me queda poco que contarte. ¡Lo he contado ya tantas veces! Pero no hay más historia que contar, que estaba escrita, y se acabó.

—Una cosa —yo ya en pie—, ¿es verdad eso que dicen que tu mozo de espadas, Miguelillo, te vistió de verde y oro esa tarde?

—Exacto, de verde manzana y oro.

—¿Es verdad que se pasó a la habitación de Manolete a pedir que, por favor, le dejaran el moño de la coleta, porque te la habías olvidado en casa y no querías salir sin llevarla?

Se pone de perfil, mirando al horizonte. Le noto un leve vientre y no cervecero, sino como de algo por dentro. Barriga, dicen mis notas. La fría disección de la memoria.

—Yo llevaba conmigo todo lo que tenía que llevar. No habría tenido importancia que, en un traspié, se me hubiera olvidado la coleta. Toreaba casi todas las tardes, por no decir todas, y además ya sabes como soy, podía salir a torear sin la moña o sin los machos, que lo mismo me daba y me sigue dando. Pero lo que no puede ser, no puede ser y además es imposible, que dicen que decía 'el Guerra' —que por lo visto, cuando era gobernador, se pasó media vida filosofando sentado en una silla a la puerta de su finca o en el Círculo de la Amistad. Yo no necesitaba el añadido y, además, lo tenía. Por lo tanto, nadie lo tuvo que pedir.

—Es que dicen que cuando lo pidió prestado Miguelillo para ti Manuel estaba tendido en la cama, esperando que apareciera Camará para hacerle lo que siempre le hacía, atarle los machos con la pierna alzada sobre la silla de servicio. Y entonces Manolete respondió: «Sí, dale la coleta mía de repuesto, a ver si esta tarde por fin lleva algo de torero a la plaza».

Miguel enciende un cigarro rubio. Podría ser Gold Flakes, que era el que fumaba Ava Gardner.

—La frase es buena, pero no es cierta. Como no se pidió, no fue necesario apostillar como un Séneca. Además, cualquiera que conociera a Manolete de verdad sabe que él no era así, que no era capaz de matar a un amigo por hacer una frase, ni aunque hubiera concurrencia.

Pasión española. Nos pierde lo que decimos, lo que no decimos. Carlos Abellá ha recogido en su libro sobre Luis Miguel el clima de esa tarde de angustia, de toalla húmeda, de sofoco…

—Pero es que a mí, Miguel, me lo ha contado don Álvaro Domecq, que estaba allí o lo oyó.

—Don Álvaro había venido a ver la corrida con mi padre desde Madrid, atravesando media España en el tren, ¿no? Pero no estuvo en la habitación del Cervantes. Tampoco yo lo vi, que se diga lo que se dice es para engordar la leyenda. Y, además, por una razón táctica: yo no se la habría pedido nunca a nadie y menos a Manolete. No por él, que era un caballero de verdad, como se dice ahora, sino por que es de cajón que habrían usado mi descuido para hacerme daño. Así que nada de nada.

El sobrino de Manolete, Rafaelito, uno de los pocos supervivientes conocidos de aquella tarde, me confirmó en la Judería de Córdoba —hay testigos— que la anécdota, que mucho más que una anécdota casi es historia, es cierta. Él dice, en cambio, que lo escuchó tendido en la cama de al lado, junto a su tío, mientras iban llegando, que parecían no llegar nunca, las cinco de la tarde.

GASEOSA DE BOLA
Y UN HUEVO FRITO RECIENTE

No me gustan los números, me enfrían el relato, me oxidan la historia, me retiran el personaje. Y lo quiero conmigo aquí, a la puerta, haciendo sombra el coche verde, americano, del torero. Uno de los de la colección que a él tanto le gustaba llevar, manejar, conducir con la ventanilla bajada las noches de luna del largo verano sangriento. A veces paraban en Despeñaperros. Anoche, veintisiete de agosto del 47 precisamente, lo hicieron en Manzanares por estirar las piernas y darle suelta al canario. Hasta hace poco había algún viejo empleado del turismo manchego que recuerda que en el Parador, al pasar, le ponían una tortilla francesa, aunque Manolete, siempre que podía, se aliviaba con un huevo frito y gaseosa de bola, bien fresquita: «Hay que llegar ligero de equipaje, como el poeta, cuando al día siguiente es la hora de la verdad». A veces detenían el coche en el arcén de la subida a Despeñaperros, en el sitio más alto. Manolete se abría la camisa de seda —con la eme bordada por las monjas aquellas de su barrio de Córdoba, a las que les daba tanto alivio económico— y respiraba hondo, profundo.

—A veces, don José, es que parece que me asfixio. No tengo fuelle...

—Ya queda menos, Manuel, hijo, ya queda menos. La gente quiere verte y mientras quiera...

—Pero es que yo no quiero verla, don José. Me dicen tantas cosas, me exigen tanto...

Luis Miguel me llevó hasta la puerta de la habitación, cómoda, con pieles de cebra tendidas sobre la losa de cerámica de Linares. Traté de cerrar los ojos siquiera media hora, lo justito, pero no pude. Abrí la ventana de par en par y seguí escribiendo en la agenda. En la mesilla, el torero había como abandonado un libro de poemas de León Felipe, y me vino a la memoria Domingo Dominguín, hermano de Luis Miguel, que vivía desde hacía años en Colombia, en Cartagena de Indias. Allí, Alejandro Obregón, el pintor, me regaló un cuadro con un cóndor, que de noche vela, como en las novelas primeras de García Márquez: «Luego, al amanecer, verle posarse con las alas desplegadas en la pared del salón».

Escribí: «Cuanto antes hablar un rato con Domingo Dominguín, cuando yo baje a Santa Marta o cuando el venga a Madrid. Elegir sitio, por ejemplo, en la Cervecería Alemana...» Pero no pudo ser. Se quitó la vida de una manera áspera y única. Dicen que con un machete de segar la mala hierba, a la altura de corazón, por un tema de amor y soledad.

En el porche Miguel, como había prometido, esperaba al visitante.

—No quiero olvidar que Manolete no hizo la faena que debía, y lo digo con todo respeto. Él, que se equivocaba tan poco ahí abajo, que tenía que haberlo hecho... Manolete estaba nervioso de que la gente, la más cercana —en un tiempo en que las plazas chatas se llevaban y se oía hasta la respiración de los mulilleros— se metiera con él. He recordado ahora, por ejemplo, que aquella tarde estuvo a punto de volverse a un cabrón que le había insultado. Le había levantado la voz y a mí me pareció que había dicho algo sucio de su familia o de sus hermanas. Sí, recuerdo a Manuel mirarle fijamente, como si le matara con la mirada. Después se volvió hacia mí, ya libres de los capotes de paseo que descansaban abiertos sobre el burladero: «Ese cabrón sé que es de Córdoba... ¡Qué ganas tengo de marcharme, Dios mío!»

Su mozo de espadas se acercó un instante:

«—¿Pasa algo maestro?

—Na, que hay mucho hijo de puta suelto— y levantó la voz para que se le escuchara en aquel callejón lleno de gente, como un río de piedras, hasta la boca».

Cada uno hizo lo que pudo. A Manolete le pesaba la taleguilla. Su madre, que no quiere olvidar lo de aquella tarde de agosto del cuarenta y siete, me dijo que en el traje de luces de su hijo cabían dos hijos suyos y que tenía las partes de su hombría blancas, como si fuera un viejo.

Estoy contando la corrida de Linares, desde Luis Miguel, que transcurría sin pena ni gloria. Había sonado el pasodoble «Viva Graná». Un dato trágico porque a Manolete, por lo visto, no le daba muy buen fario, le hacía huir la suerte. Primer toro de 'Gitanillo'... Vale, tampoco era para echar cohetes. En el segundo Manolete hizo lo que pudo. El tercero, que era de Miguel, parecía un gladiador, perfumado y elegante. La verdad es que el 'Califa' se iba y Dominguín, el 'Alcarreño', llegaba arrasando.

—¿Una oreja? Dice la crónica de ese día que...

—Es verdad. Me sentó fatal que el presidente de la plaza no me diera más que una porque no le dio la gana. Así que se la tiré, poco menos que a la cara, cuando llegué a su altura. A mí me gustaba mucho hacer esos desplantes, que luego decían que era soberbia, egolatría. Bueno, cuarto toro para 'Gitanillo' que, mira por donde, era para Manolete, como te digo, pero que al final Manolete permitió que se lo dieran a él. Se lo merecía y además era buena gente. Islero, aunque sin importancia, ya tenía otra muesca en su revolver. Otro dato para la historia.

—Me lo cuentas, Maestro.

—Te lo cuento, pero no es la primera vez que lo hago.

—Ni la última, Miguel, ni la última.

Me dio un bajío, porque el guerrero se recogió en la frase como diciendo...

—Islero era negro, bragao. No era ni feo ni guapo, era, es, por que ya es historia, del montón, vulgar, aunque con maneras. Creo que Camará y yo mismo le dijimos —no había ningún presentimiento en la plaza, si acaso calor y moscas, ya sabes— «por el pitón derecho, Manuel, por el pitón derecho». Tenía el toro los chiqueros a su espalda, bien que lo recuerdo. Le había dado un molinete, el toro hizo un feo por la suerte contraria: «no, por la suerte contraria no...» En ese momento creció el silencio, sonó el grito, el toro mugió cuando el torero se echó encima. Se vació, se volcó, se «inmoló» en la cuerna del toro. Lo he dicho más de una vez, verás...

SE PUEDE DECIR QUE EL TORO NO COGIÓ A MANOLETE, SINO QUE MANOLETE «COGIÓ AL TORO»

Se pone en pie el torero, de cuero y seda. Yo le hago una fotografía. Luis Miguel perfila la suerte inolvidable en el toro invisible de la memoria.

—O sea, que el toro se estuvo quieto. Fue él quién cayó encima del toro con la ingle abierta, la femoral ofrecida, con todo su peso... Y el animal no hizo otra cosa más que lo que podía hacer. Se podría incluso decir —jugando a la filosofía de lo predecible, a lo que no está en los papeles— que el toro no cogió a Manolete, sino que fue Manolete el que cogió al toro....

—Islero no tuvo más que hacer esto, así, con la cabeza. Giró el cuerno con todo el peso del torero encima, los cincuenta y ocho kilos de leyenda. El torero se quedó espatarrado en el suelo, abierto en canal por la ingle, mientras Islero se iba despacio, sin saber lo que había hecho, hasta allí de donde salió. No escapando, sino como diciendo: «Esto lo que hay, pero yo no quería hacerlo.» Tú conociste a K-Hito, ¿no? Y a Conde Colombí también, ¿no?

—Sí, los dos estaban allí, ya lo sé. A Colombí lo entrevisté después de la tragedia en su piso de Madrid, detrás de correos, donde tenía en su habitación una increíble colección de crucifijos y a K-Hito le visité más de una vez en el «Dígame». Les contara la historia que les contara, los dos me decían lo mismo que me estás diciendo tú, Miguel.

—Es que no se puede hacer la suerte de la muerte por el sitio contrario... Eso está entre las primeras lecciones del toreo. Eso es lo primero que se aprende en el tentadero, en la talanquera. Hay cosas de primera mano que no se pueden olvidar y mucho menos si eres Manolete, el primero de la historia, el que manda en el cartel.

Luego, no obstante —dando saltos en el coche de campaña camino del final de la berrea, a la vera misma del pantano, los dos solos—, le vuelvo a preguntar a Miguel:

—¿Es cierto que ofreciste sangre de la tuya por si Manuel la necesitaba?

—Como que estamos donde estamos, bien lo sabe Dios.

—¿Y te la admitieron?

—No, por algo que yo había olvidado. Manuel necesitaba sangre universal y la mía era mala. Siempre tuve yo mala sangre, pero no lo sabía. Me enteré después que de niño tuve paludismo, que por cierto me vuelve de cuando en cuando. Me da fiebre y me fastidia unos días.

Sangre, la crónica de la sangre. Así se llamó la serie para televisión que hice en su día y que repiten con frecuencia en el Canal Memoria, Canal Historia de la Uno. Me asusta, sin embargo, que conté todo lo que sabía y que muchos de los protagonistas aún estaban en pie, vivos.

Sangre, sangre, sangre. El grifo de la sangre, el surtidor de la sangre, la sangre que no cesa. Le abro el libro de lo que busqué sobre Manolete en su momento.

—¿Llegaste a conocer a esa ventera tan guapa que se llamaba Sangre? Porque la virgen patrona de ese sitio es Nuestra Señora de la Sangre, en ese camino, de Linares a Córdoba, que tenía la casa pintada toda de rojo para que se la viera venir desde lejos.

—Claro que sí. Alguna vez hemos parado ahí a tomar algo, siempre a la vuelta, ya en Sierra Morena y con el monasterio a lo lejos, porque es el último descanso antes de llegar a la Virgen. Era muy guapa. No sé si se ha muerto ya; la última vez que la vi era una mujer mayor, una cordobesa de las de Romero de Torres. Sin embargo se llegó a decir, en la calle, que incluso el torero descansaba ahí antes de caer en los brazos de su madre o después de Lupe Sino. Se comentó, incluso, que estuvo a punto de tener un hijo con ella.

Suposiciones, supersticiones, malas y buenas lenguas. Yo me hice un retrato con la 'Niña de la Sangre', que además iba de rojo, de la cabeza a los pies. Un personaje inmenso y, en el fondo, prudente, aunque su presencia era un grito y un documento. Me han dicho que se murió allí, donde tenía su casa en el pueblo de la Encina, donde la muralla más antigua de España entera. ¡Vaya usted a saber! Leyendas…

Hasta aquí el torero Luis Miguel Dominguín. Después se me murió pronto. Porque una cosa es decir se murió y otra se me murió. Se me murió es más mío. Y con él, a la vera de su cama, el médico que le abrió las venas del alma, Vallejo Nájera, que le devolvió al mundo en el que vivimos.

Regresamos. Mañana temprano debo volver al camino. Me está esperando un personaje decisivo, clave...

—Entonces, ¿quién mata a Manolete?

—Muchas cosas, muchas. Muchas y una sola al mismo tiempo. Ya sabes, eso de «entre todos lo mataron, pero él solo se murió».

... incluso escapo en la noche porque a veces, todavía, me quema en el bolsillo la fruta de la palabra que acabo de robar, la esmeralda a pulir, envuelta en un pañuelo de hierbas.

CAMARÁ SE QUITA LAS GAFAS PARA CONFESARSE CONMIGO.

Pocas, muy pocas veces, me consta que José Flores Camará, apoderado de Manolete en el momento de la tragedia, ha hablado con alguien con más sinceridad que conmigo. Desconozco las razones. Quizá mi larga espera, mi capacidad de aguante, mi constancia, que de algo deben de servir en el oficio del reportero y, sobre todo, sobre todo, como el mismo me dijo aquel día:

—Es que usted siempre habla de Manolete como si lo conociera de toda la vida. Yo le he seguido mucho, Medina. Ya le dije un día, en el Palace de Madrid, que de haber vivido en la época de Manolete usted habría estado cerca de nosotros, muy cerca.

—Le tengo que pedir un favor, un gran favor, don José.

—Pida por esa boca, Medina.

—Pues que me gustaría hablar con usted cuerpo a cuerpo, así, de frente, cara a cara. Pero si no le molesta, sin gafas.

Me miró más allá de las gafas negras, que ese día no eran de concha, las habituales, las de siempre. Le sorprendió mi petición pero, al fin y al cabo, eran los tiempos de los desplantes, cuando a falta de palabra escrita —porque la censura siempre, yo la he sufrido mucho, andaba al quite— uno se permitía algunos lujos, yo diría que estéticos.

—Don José...

—No me llame don José, Medina. Me dice Pepe o José o Camará, que es mi nombre del toro. Las gafas, bueno, las gafas si usted quiere que me las quite, me las quito. Es que me pasa como a su paisano, Matías Prats, que el sol me hace daño en los ojos. Pero, ea, si usted quiere, fuera gafas.

Las puso encima de la mesa del salón de la casa de Sevilla, un gran piso, cerca de la carretera de Córdoba, que el apoderado había ido decorando con cuadros buenos, muebles antiguos, quizás alguna fotografía. Le noté una sonrisa como de quien entrega, antes del combate, el escudo inicial de protección.

—¿Le parece bien así, Medina?

—Gloria bendita, don José. Es que cuando hablo con la gente me gusta mirarle a los ojos. Los ojos hablan, los ojos siempre dicen la verdad, don José. Dime como miras y te diré quién eres. Los ojos son los espejos del alma, en fin.

Lo recuerdo perfectamente.

—Me permitirá entonces que eche un poco las cortinas de esa ventana. El sol es traidor a esta hora en Sevilla... Sé de lo que quiere usted que hablemos, claro, ¿pero le gustaría saber de verdad quién soy antes de que aparezca Manolete en mi vida?

—Quiero, don José.

—Bueno, no sé si se lo habrán dicho, pero estoy en el Cossío. Soy un torero retirado.

—Es usted un torero, don José. Los toreros, aunque se corten la coleta, no se retiran nunca.

—Es verdad, lleva usted más razón que un santo, pero soy un torero sin suerte como torero.

Hablábamos en Sevilla, en el corazón de Sevilla, pero con acento cordobés del barrio de los toros. Incluso mantenía el aire de los que habían nacido en la geografía de la leyenda: cuando no había más remedio no se podía ser otra cosa que torero.

Las crónicas de la época aseguran que no fue, lo que se dice, un fuera de serie. Nació en un invierno del dieciocho y se llamó González de segundo apellido. Anduvo con los mejores, siempre en la discreta sombra del resplandor de los demás. 'Gallito' le hizo matador de toros en Madrid; toreó mucho y con justeza, pero había gente muy buena vestida de luces esos años en el ruedo ibérico, así que hizo lo que pudo. Eran los tiempos de José y Juan, de Joselito y Belmonte, que no dejaban sitio a nadie.

—Dicen que fue usted un torero valiente.

—Hombre, claro. Había que arrimarse, Medina, había que arrimarse. No había ni un duro para el que no lo hiciera y yo tenía bocas que alimentar. En la plaza me arrimaba, era más lidiador que torero. Además, sabía poner banderillas, tenía altura, ya me ve...

Observo que tiene los ojos claros. Las gafas le han dejado en el rostro una huella, como un antifaz, para esconder las ojeras. Incluso puso banderillas cortas, como hace ahora, estos días, por ejemplo, el 'Fandi', mi paisano granadino.

—Cuando quiera hablamos de Manolete, don José —yo estaba ardiendo.

¿Donde estará mi viejo magnetófono de mano que cabía en un bolsillo? La cinta que ahora repaso, avanzo y retrocedo, estaba milagrosamente intacta, conserva el secreto de la voz de un hombre.

—Yo venía de familia torera. Lo llevaba en la masa de la sangre, como se dice...

Era sobrino de 'Machaquito' —como para ponérselo en las tarjetas de visita. Él se recrea en la suerte de su raíz, porque dice que la gente sólo sabe que él fue, que él es, el apoderado de Manolete: ni más ni menos. Y sin embargo…

—Tengo cornás y cicatrices, pero en ese tiempo, o estabas arriba, o eras sólo un acompañante. Así que, en cuanto pude, me fui apartando del toreo pero no del toro, porque me puse a vender carne. Entre otras razones porque de ahí veníamos los Flores, de las carnicerías de Córdoba.

—Sí que me han dicho que, incluso en la guerra, usted llegó a torear con Manolete...

—Así es. Le han dicho bien, pero mire, ya estaba yo más fuera que dentro de la plaza. Pero claro que sí, Manolete y yo toreamos juntos más de una nocturna en Córdoba y, sobre todo, en las benéficas, porque siempre que nos llamaban nos encontraban.

Toma un sorbito de café. Se limpia, elegante, con el pico de la servilleta bordada con una jota.

—Teníamos tantas ganas de torear…

Pero yo estaba ansioso de trincar al toro por los cuernos. Había sonado un teléfono. Don José le dijo a la persona que estaba cerca, quizá fue a su hijo José, humilde y eficaz, buena gente, que fue también muy buen amigo mío:

—Pepe, hijo, no estoy para nadie, que llamen más tarde. No me gusta romper el hilo de las conversaciones.

Y por fin hablamos.

—Se ha dicho, alguna vez, que yo era para Manolete como el padre que no tuvo, o sea, como aquél que se nos murió en seguida. Puede ser. Primero empezamos a hablarnos de usted pero, al final, nos apeamos el tratamiento, aunque a veces nos usteábamos. Tenga en cuenta, Medina, que eran tiempos de respeto y que los hijos decentes hablábamos de usted a nuestros padres.

—Vamos a la noche del veintiocho de agosto del mil novecientos cuarenta y siete, don José.

—Vamos.

—Don José, en la larga agonía, ¿dijo Manolete algo que no sepamos los mortales por más que se haya escrito sobre el tema?

—Le puedo decir —echa la cabeza hacia atrás y me siguen sorprendiendo sus ojos claros, sin llegar a ser los ojos de Pepe Luis Vázquez— que de lo único que se acordaba aquella noche era de su madre y que repetía, con insistencia, lo mucho que la iba a hacer sufrir cuando se enterara de la cogida. Yo llegaba, le tocaba la frente que le ardía y le hablaba al oído: «Manolo, no te preocupes, que en veinte días estamos toreando de nuevo».

—Se dijo, se dijeron tantas cosas, don José: que estaba el coche preparado para llevárselo a Córdoba, en seguida. De esto se ha hablado poco... Y también que había que hacer el esfuerzo de acercarlo hasta Madrid, aunque fuera sedado y en ambulancia si el coche era muy incómodo.

—Lo que sí es muy cierto, Medina, es que, a Madrid o a Córdoba, estaba escrito que se nos iba a morir en el camino.

—¿Y se notaba lo que estaba pasando?

—Claro que sí, se palpaba el «tabaco». Ya sabe, la corná había sido enorme, irremediable. El doctor Viñas aseguró, sin embargo, aquel día mismo, aquella madrugada, que la cornada había sido grande pero no mortal de necesidad y que hubo muchos otros factores, de carencia de cosas, que la convirtieron en definitiva.

—Usted lo sabe mejor que nadie. ¿En algún momento, y con una mano sobre el corazón, Manolete se dio cuenta de que se estaba muriendo?

—No, Manolete nunca se dio cuenta ni dijo que malito estoy, como se ha dicho por ahí. Sí recuerdo que me pidió un pitillo. Se lo dieron encendido, cosa que hacían con frecuencia con él: en el coche, por ejemplo, viajando en la noche o en la habitación del hotel cuando se le vestía. Pero sí le puedo decir, así como usted y yo hablamos, tan cerca, que le dio dos o tres chupadas y luego, inmediatamente, lo tiró. Después pidió agua a Bernardo, a 'Carnicerito', y entonces le acercaron un botijo nuevo que había cerca y le echaron un trago en un vaso de cristal y, lo que son las cosas pequeñas, las inolvidables: «Sabe a barro. A ver de dónde habéis cogido ese agua que parece que está envenená...»

Los acentos, las palabras rotundas; quiero desbrozar por fin esta historia para poder morirme tranquilo a partir de mañana...

—Su madre, doña Angustias, estaba en San Sebastián veraneando. Nosotros la avisamos y el 'Chimo' habló con la nieta. Fue y le dijo desde el teléfono cercano —parece que lo estoy escuchando ahora mismo: «Es una corná muy grande, pero no sus preocupéis que va a salir de ésta». Si que sé que avisamos a Pablo Chopera para que fuera a buscarla y se la trajera. Pero ya ve, desde San Sebastián hasta Córdoba entonces...

—Verdaderamente, don José, ¿qué es lo último que dicen que dijo Manolete antes de expirar?

—Lo que se ha dicho tantas veces que dijo. Cuando le ponían el plasma maldito, dijo, «don Luis que no veo», y se quebró como si le hubieran cortado el caño de la vida con unas tijeras.

Don José acude a sus gafas que descansan sobre el mármol de la mesita, donde hay algunas cosas buenas de plata, por ejemplo, un sombrero charro mexicano para guardar ceniza.

—Mire usted, eran las cinco de la mañana más o menos. Luego dobló la cabeza, cerró los ojos y como si se echara a dormir...

Por más veces que lo haya contado, a José Flores Camará se le quiebra la voz cuando lo cuenta.

—Don Luis le tomó el pulso, movió la cabeza y salió con los otros médicos. Inmediatamente después llamaron a Álvaro Domecq y al cuñado de Manolete. Yo ya estaba allí.

No me quiero olvidar de una cosa, que cuando se pensó en ponerle la plasma esa, maldita sea, el otro médico, don Julio, fue y dijo, en voz baja pero decidido, con fuerza, como quien avisa: «Si ustedes le ponen ese invento, en el preciso momento en que le entre la primera gota se nos muere en los brazos». Nos consultaron, quisieron saber nuestra opinión, no querían tomar ninguna decisión sin que todos estuviéramos de acuerdo, pero nosotros, madre mía, que íbamos a decir, eran ellos, los médicos, los que tenían que decidir, y decidieron. Lo mató la plasma. Tal vez estaba escrito o tal vez no, pero la plasma lo mató y punto.

Al escucharlo hoy en la cinta, en el verano del dos mil ocho, cobra el documento una ferocidad insoportable: es la voz de la memoria.

—Yo me acerqué a él, le abracé y me puse a llorar como un niño chico. Lo hemos contado tantas veces y se ha contado de tantas formas...

Colgando del perchero —ese árbol de la llegada y el adiós— el sombrero de fieltro, con el ala delantera caída escasamente a lo Bogart, esperando la salida.

—Don José, ¿cuánto cobró esa tarde Manolete?

—Cuarenta mil duros, pero de entonces.

—Eso era un dinero.

—Un buen dinero. No todo lo que el torero arriesgaba y merecía, aunque en aquella época era mucho.

— Murió rico, ¿no?

—Claro que sí, pero se lo ganó cada día con el sudor de su frente, con la sangre de su oficio. A veces yo le decía que no se arrimara tanto pero Manuel, que era muy responsable, me respondía siempre lo mismo: «Pagan por verme y hay que torear igual para todo el mundo, ya sea una plaza pequeña o grande. Hay que hacerlo. A los ricos no les cuesta nada reunir el dinero para la entrada, pero a los pobres, ya sabe usted don José, les cuesta un jornal o quitarse el pan de la boca para ir a verme y no les puedo defraudar».

—Usted le llevaba las cuentas, le administraba las fincas, le invertía el dinero. ¿Es verdad que incluso lo hacía sin que él se enterara, de la confianza que tenía depositada en usted?

—Es que es lo que él decía, que había que estar en el toro con los cinco sentidos, que eso era lo único que debía hacer y que don Álvaro y yo nos ocupáramos de sus cuentas.

—Don José, Manolete murió con treinta años. ¿De verdad que dejó treinta millones de pesetas en su cuenta corriente?

—Tendría que volver a mirar los papeles. Sí, le digo que se murió rico y que se lo había merecido. Por ejemplo, los cuarenta mil duros que se ganó esa tarde de Linares eran el cuarenta y cinco por ciento de la recaudación bruta de la plaza. Se vendieron todas las entradas; todas. Pero es que la entrada era barata. La recaudación total no llegó al medio kilo...

—No sé si se lo han preguntado alguna vez, ¿cuándo se cobró la última factura?

Se pone muy serio. Levanta su cuello con nudo, paladea la respuesta. Es su oficio.

—Después de muerto y en un sobre grande, en su casa de Córdoba. Se lo entregaron a la madre que, por cierto, se lo guardó en la faltriquera. Había gente delante. Manolo ya estaba enterado... Que en paz descanse, Medina, que en paz descanse. Lo que sí quiero que sepa, y que sepan, es que todos los veintiocho de agosto, esté donde esté, confieso y comulgo.

—¿Siempre?

—De siempre. Es una promesa.

—No quiero irme sin preguntarle por Lupe Sino.

—Preferiría no hablar del asunto, Medina, si usted me permite.

La 'Nena' aún estaba viva. Creo que recién casada con aquel español. También casualidad, qué casualidad que dicen que se llamaba como Manolete, don Manuel Rodríguez Sánchez. No tuvo privaciones; si acaso, la de no tener cerca al hombre que más amó.

—Don José, me dicen, me lo han contado muchas veces, que tanto usted como don Álvaro Domecq hicieron lo posible porque aquella noche la novia de Manolete...

—Bueno, diciendo las palabras justas, no era su novia.

—Pues entonces quién era, ¿su querida?, ¿su amante?

A él le suena mal; a mí también, las cosas como son, pero no está uno para hacer el Tancredo. Dios sabe cuando volveré a verme con Camará sin gafas, cara a cara.

—Nosotros no hicimos nada por evitar que Lupe Sino, que llegó a última hora porque la llamó el mozo de espadas de Manolo, se encontrara con el torero. No es verdad que dijera, que lo dijeran, que Manolete había preguntado por ella. Mentira. Lo que sí es verdad es que entre don Álvaro y yo hicimos lo posible para que Manolo estuviera lo más tranquilo posible, sin llevarse ninguna angustia. Por eso, cuando llegó Lupe, la metimos en una habitación vacía del hospital que estaba cerca y sin gente, y allí estuvimos un buen rato esperando que se despejara la situación...

—Sí, pero a poco lo matan antes al torero cuando aparecen con el cura.

—Eso eran cosas de Álvaro, ya sabe usted, como buen cristiano. Lupe lo vio pasar y no dijo nada. Todos estábamos esperando el desenlace.

—Don José, de haberse salvado Manolete, ¿qué habría sido de él, qué habría sido de usted y qué habría sido de Lupe Sino?

Hace un gesto para intentar rescatar las gafas negras, dobladas. Ha permanecido impasible el ademán en el tiempo, con un raro brillo de ciénaga en los ojos de cristal...

—Él se habría retirado rico y viviría con su madre, que igual le habríamos comprado una punta de toros bravos para su finca de Córdoba, y estaría lleno de hijos...

—¡Hijos de Lupe Sino!

—Eso sólo Dios lo sabe, Medina, sólo Dios lo sabe. Pero no juguemos más a las películas. Lo que sí le quiero decir es que, de vivir, tendría tres casas abiertas: una en México, que tanto le gustaba, otra en Madrid, o quizá su habitación del hotel Victoria, en la que a veces me hospedo y, desde luego, el palacio que le compró a su madre en lo mejor de

Córdoba, que ya sabe usted que se lo compró a la familia de Ortega y Gasset. Y en el campo de Córdoba... A lo mejor, quién sabe —lo hemos hablado algún día de melancolía, de nostalgia—, tendríamos a un Manolete con una pierna cortada, pero vivo...

—Vivo lo seguimos teniendo, don José. Yo diría que más vivo que nunca.

LUPE SINO, EL ICONO DEL TORERO

Conocí a Lupe Sino ya en los últimos años de su vida. La llevó un día a una tertulia de mimbre y cerveza de verano a la que acudíamos, en un bar de Rosales, el pintor Miguel Herrero —quien tenía también un bar mínimo en Tirso de Molina, el 'Marca', siempre lleno, como su nombre exigía, de buenos aficionados al fútbol. Era Miguel un personaje excepcional, buena gente, con un gran amor al cine, tanto que el dinero que ganaba en la taberna lo había dilapidado en una película increíble, basada en la novela de Kafka «Metamorfosis». Recuerdo que fue un día, o mejor, una noche de bohemia —porque tampoco se llegaba a más, si acaso a charlar de literatura en la sombra. No se olviden que era por el cincuenta y siete, más o menos —que yo para las fechas soy un desastre y prefiero camuflar la falta de rigor con el exceso de amor. Yo incluso le ofrecí mis servicios para llevar a su película el difícil papel del monstruo, aquel individuo extraño que termina convirtiéndose en garrapata. Tampoco tenía yo mucho que exponer ya que me miraba con frecuencia, al menos una vez al día, necesariamente, en el espejo.

Además, Miguel Herrero, de risa fácil y corazón generoso, era buen pintor, muy bueno y, sobre todo, tenía mucho tiempo para repartirlo entre el arte y los artistas. Una tarde me presentó a una mujer, todavía con un raro resplandor en la mirada. Era verano e iba envuelta en algo más que un buen vestido de seda de colores claros. Tenía una hermosa cabeza cana y —como uno es un rastreador de carne fresca, más que para cortar para contar, aunque las dos cosas se parecen tanto en nuestro oficio— lo cierto es que, a primera vista, se le notaba que tenía mucha historia dentro. Vivía en el paseo de Rosales desde hacía poco tiempo, tan poco que, según su propia confesión, tenía aún muchos paquetes por abrir y muchos muebles que desembalar. Se los había traído de un piso en el que había vivido hasta entonces, en Hilarión Eslava número cuatro que, según las lenguas de doble filo, le había comprado el 'Monstruo' para compartir en sus visitas a Madrid. Más de un beso escondido, más de una noche perdida y encontrada.

—Tico, a ti que tanto te gusta todo lo de Manolete —sonreía Miguel como quien abre el cofre del tesoro del pirata—, te presento a su viuda, Lupe Sino.

Me ofreció a la dama dorada, herida del pasado, en su rostro un leve olor a magnolia, bien recuerdo.

—Mejor decir, Miguel, la novia de Manolete, porque bien sabe Dios —miró hacia arriba mientras ofrecía, como Cristo, la mejilla— que me hubiera gustado ser su viuda y que lo intenté hasta el último momento. Además...

Se sentó con una cierta coquetería —como quien se ha sentado mucho para gustar a los hombres— y cruzó las piernas como una sombra de cuando las cruzaba en Chicote el día que se la presentó a Manolete, Pastora Imperio, en carne y hueso.

—Además, íbamos a casarnos ya. Nos faltaba poco tiempo. Manolo se fue en agosto. Pues en septiembre, cuando se acabara la temporada, si no antes, nos íbamos a casar, en España o en México, por lo civil, por la Iglesia o como fuera.

La escuché contar, aquella tarde de verano, de su propia voz con un leve acento mexicano, lo que más o menos ya era un secreto a voces. Pero no de su propia palabra. Pocas personas lo habían escuchado, al menos a diez años, como poco, de la muerte en Linares de Manolete.

Ésta es la Ce de corazón, la Ce de coño. Y lo digo con respeto, en la distancia. Ésta era, la que tengo frente a mí, la que Manolete había amado tanto, el segundo amor de Manolete, porque el primero, sin género de dudas —o el mismo, pero de otra forma, con alguna brizna por parte de doña Angustias del genético complejo de Edipo— fue su madre. Lupe era, jugando a las palabras, el 'icoño' del torero.

LA AMANTE, LA QUERIDA, LA CONSENTIDA

Manolete la amó, y mucho. Tanto que hasta en su momento, en su corazón, anidó el áspid de los celos. Le había dado mucho, tal vez todo, y quería todo, la fidelidad por delante. A cambio, se sabe, que aquella mujer que había aquel día junto a mí, frente a mí, y que volví a encontrarme varias veces en el mismo sitio y con la misma gente, guardaba parte del gran secreto de Manuel Rodríguez en los escasos documentos gráficos que se tienen del amor del torero y la artista —porque fue artista de cine, aunque no con éxito. En ellos se nota claramente el amor del torero hacia Lupe. Tal vez, más que en ninguna otra, en aquella foto en la que un torero huesudo, desnudo de cintura para arriba, con un sombrero de paja de campesino, la lleva subida en un burro, tirando del ronzal, camino de una charca —que yo he buscado y he visto en las ásperas y hermosas tierras de aquella Guadalajara que, por aquellos días, cantó Camilo José Cela— en lo que fue claramente el verdadero viaje de novios de los dos amantes.

En México, el maestro del toreo Silverio Pérez, que fue gran amigo de Manolete y compañero de paseo y paseíllo, de paisano y de luces, me dijo un día, a la sombra de los grandes árboles de su finca de Texcoco, ciudad de la que llegó a ser alcalde:

—Mire usted, Medina, Lupe era la consentida de Manolo. Eso que aquí llamamos como la segunda mujer, la otra, porque sin género de dudas, o al menos de otra manera, el primer amor de Manolete —que él siempre lo decía, siempre, con tequila o sin tequila— era su madre doña Angustias.

Estuve cerca de Lupe. Debo reconocer, en la distancia, que más que nada por ver lo que podía extraer de aquella fruta extraña, tan madura ya, tan llena de silencios. Lo tenía todo listo para ofrecerle la verdad de un libro. Estoy hablando de hace cincuenta años cuando un día Miguel me llamó, el director de cine que me la presentó, para confesarme con voz desconsolada: «Tico, ha muerto Lupe, de un derrame cerebral. Fue ayer, de pronto, por si quieres saberlo para tus cosas. Además, que sepas que a lo mejor mañana mismo, cuando la entierren, van a hacer una pequeña subasta de sus cosas para los amigos y conocidos más cercanos. Lo vamos a necesitar...»

Se murió en su casa recién estrenada de Rosales, abiertas las ventanas al paisaje velazqueño, el domingo trece de septiembre del cincuenta y nueve. Los que estaban cerca cuentan que Lupe murió diciendo: «Manolo, Manolo...»

Eran las diez de la mañana. A su alrededor, los cabales, y en su alcoba, a la cabeza, como un corazón de Jesús o una Virgen de Guadalupe, mandando en el dormitorio, un lienzo de Manolete, un tapiz en el que se notaban claramente los testículos del torero empujando la taleguilla. No sé quién se llevó esa joya única, cuánto se pagó por ella, ni dónde permanece. Sería una buena pieza para el museo del 'Monstruo' en Córdoba, en esa placeta íntima donde uno ha viajado tantas veces con el corazón y los orígenes, donde uno ha pasado la mano por la piel de la madre del toro que mató a Manolete, o por el perfil de mármol de la copia de su tumba en el cercano cementerio de la Salud —que también es causalidad que así se llame el lugar de la muerte cordobesa.

Lo que sí se sabe es que ese trece de septiembre —ya es leyenda el hecho— se toreó una corrida de la ganadería de Álvarez, un hierro extremeño que ya no se lidia. Y dicen que dicen que se toreó un toro con el nombre de Islero, como el que mató a Manolete el veintinueve de agosto del cuarenta y siete en la plaza de Linares, «cuando más brillaba el sol», según la copla y el romance.

He ido, una sola vez, a encontrar la tumba de aquella mujer a la que tanto amó Manolete. Se pueden encontrar flores a buen precio, recién regadas en un caldero, tal vez crisantemos —en mi cuaderno de notas de entonces, que los conservo todos, escribí: crisantemos, seis pesetas. Y de soldado voluntario de farmacia militar coloqué en aquella tumba, más bien olvidada en el triste cementerio de Canillas, además, la lágrima de mi recuerdo. Una mujer a la que tanto amó un hombre tan grande como Manolete debía ser una dama de leyenda, por siempre y para siempre. En la tumba el nombre de Antonia Bronchalo Lopesino. Aquí yacen los restos... Después no he vuelto.

Pero de ella conservo una brizna de su olor y su aire de dama con un gran secreto dentro —tal vez un hijo que no nació por el qué dirán y, sobre todo, la verdad de por qué aquél que era el divino, el más deseado, era capaz de dejarse retratar besándola un pie, en el corazón de la Alcarria, durante los días interminables y felices de Sayagón. Yo he visitado el pueblo donde nació Lupe un seis de marzo del diecisiete. Cuando se fue tenía cuarenta y dos años y fue la niña dos de una recua de nueve hijos, de Eugenia y Nicomedes, gente humilde, con hambre de hombre, con lo puesto, que vivían de trabajar para los demás. La historia de Lupe no fue fácil, ni tampoco quiero yo aquí reconstruirla, aunque podría. Está en todas las novelas con protagonista auténtico de la época y, sobre todo, en el apasionante libro de Carmen Esteban, una de las mujeres que más sabe del mundo del toro y del torero en este tiempo nuestro. Carmen Esteban escribe con el garbo de los mejores y ha sabido investigar en el pasado de esta Lupe que se nos fue, ahora hace, cuarenta y ocho años.

De ella conservo, ya les digo, su raro resplandor, como de esas mujeres que parecen decir, sin que lo digan: «¡Ay, si yo les contara!». Es de ella este cuadro que tengo frente a mí, en este instante, con sólo abrir la puerta de mi cuarto de trabajo, en el sol y sombra del pasillo, un Paredes Jardiel —por seis mil pesetas de las de entonces que tardé un año en pagar en incómodos plazos—, un cuadro azul, largo, con unos cardos borriqueros altos como espadas. Lo conseguí en aquella rápida subasta de las cosas que Lupe tenía en su casa. Un escritor magnífico que publicó el Arcángel, José Vicente Puente —que además de amigo nuestro lo fue de Lupe y de Manuel—, habla de él cuando cuenta lo que encontró tras su muerte, en la casa recién estrenada del paseo Pintor Rosales.

Por eso todos los días la recuerdo, la tengo conmigo y, en su penumbra, el cuadro azul me trae a la memoria, siempre, a esa Lupe misteriosa a la que había seguido antes de conocerla sin que ella lo supiera. Después lo fui contando, despacio —cuando ya era una sombra tan solo de lo que fue— porque sabía que llevaba un grito guardado que no podía echar fuera, en aquella España difícil de entonces, tan dura en la censura, donde cuando hablaban de ella decían que era la amancebada de Manolete, la desconocida y a la que sacó del arroyo el torero enamorado.

Tampoco era aquello. Lupe conoce a Manolete un día que el torero torea en la plaza Madrid. Dice la leyenda —que siempre lleva la razón, incluso empequeñecida y no aumentada— que el torero cuando pasa a su altura y la ve —extraordinaria, bella, resultona, aunque luego no era hermosa, sino linda, cara redonda y, sobre todo, alarmantes ojos de mirada que sabe mirar— Manolete, que nunca miraba a la plaza cuando toreaba, preguntó a uno de sus banderilleros, que con él hacía el glorioso camino del ruedo cargado de flores y con las dos orejas y el rabo en las manos, sangre en las muñecas —se ha tocado el pelo de la historia:

—¡Oye, entérate de quién es esa mujer que estaba en la barrera con un capote! Me parece que el capote era de 'Gitanillo'.

A Manolete le gustaba mucho torear con 'Gitanillo'. Es un secreto a voces. 'Gitanillo' era de Triana y, además de no hacerle sombra en el ruedo, en la tarde, el arte sobre el valor, en la noche era una joya de la corona. Le alegraba el cuerpo, le encendía el alma, cantando, bailando, contando chistes, lo que fuera. La historia, sin embargo, lo que es la historia, señala con un lazo negro, que de la misma manera que Luis Miguel toreaba con Manolete la tarde trágica, volviendo de una juerga en la finca cercana de Dominguín se mató en la carretera el torero del duende.

'Cagancho' —yo siempre hablo de lo que me contaron directamente los protagonistas—, un día que le llevé para hacerle unos retratos a la plaza de toros de México, la más grande del mundo, aquel 'Cagancho', gitano de ojos verdes, bellísimo, que había enamorado a las mujeres, y a algún hombre también —aunque desprecia el envite—, en medio mundo; aquel torero impecable, en la arena de la Monumental me contaba:

—No ve usted lo grande que se ve desde aquí abajo, ¿no? Pues vestido de luces, más grande todavía.

Lo confesó cuando volvíamos de las fotos, en el largo camino de retorno —se había negado a hacerlo en un coche limusina, que nos había enviado un amigo, porque parecía un coche de muertos y él era un torero muy supersticioso:

—Mire usted, joven, aquí el torero que más ha gustado siempre, de siempre, ha sido Manolete; que además se sentía feliz aquí, en México, donde le adoraban. Y si era importante de día o en la tarde, de noche era un dios. También porque traía a Lupe consigo y estaba lejos la sombra de su madre. Doña Angustias era una mujer encantadora, pero le había sorbido el seso, sin género de dudas. Aquí Manolete, de noche, cantaba rancheras y se permitía hacer cosas que no hacía en España, porque allí se sabía todo. Allí, además, estaba su madre a la que no quería dar ni un disgusto.

Suspiró profundo 'Cagancho', la leyenda de la mirada aceituna, tal vez el más elegante de los toreros de paisano que yo he visto en mi vida. Encendió un pitillo y después de tirarse de los puños de la camisa, donde llevaba mancuernas de oro puro, estilo Ricardo Montalbán, me confesó melancólico:

—Además, entonces, México estaba tan lejos... Se lo digo yo, que llevo aquí no sé cuánto tiempo y cada día echo más de menos a España. Por eso querían aquí tanto a Manolete, porque traía España, cuando venía, a los que se habían venido huyendo para que no los fusilaran, y también a los otros, los que aquí llevaban viviendo y haciendo fortuna no sé cuantos años...

Lo que sí es verdad, contrastando, hablando y hablando, por ejemplo, con Perico Chicote, es que don Pedro y su casa también fueron fundamentales en el amor del torero.

—Perico Chicote, que estuvo a punto de darme la fiesta, por llamarla de alguna forma, de mi boda, aunque finalmente me la dio Gaviria, quién también le dio más de una copa a Manolete y que vivía puerta con puerta de él. Don Perico también me regaló un 'cocktail' que lleva mi nombre y en el que hay, naturalmente, muchas gotas de granadina.

En Chicote era, por ejemplo, donde Hemingway cargaba sus petacas de plata con lo que había de alcohol para curar las heridas del cuerpo y las del alma. Allí iba también Lupe, en los hermosos tiempos, cuando una rodilla de mujer era un triunfo y cuando cruzar las piernas, una aventura. No es que Lupe fuera una puta de lujo, como se ha dicho, o igual sí, tampoco importa mucho. Eran los tiempos en que tanto la penicilina como las medias de cristal valían un imperio.

Lo que sí se sabe es que el banderillero le dijo a Manolete, después de aquella primera vuelta de honor en la que descubrió a la hermosa dama en la barrera —él, que era un detector impecable e implacable de mujeres en el tendido, y tendidas, que son la misma palabra siendo distintas: «Maestro, me dicen que esa que le ha gustado a usted tanto la tiene todas las noches en Chicote, que le pregunte usted al maestro 'Gitanillo', que sabrá informarle».

Por lo que se cuenta, 'Gitanillo' y Pastora Imperio —la gran Pastora, a la que también conocí viva y a la que, como es natural, en la obsesión pasión le pregunté por Manolete—, me descubrió, hablándome de perfil, como una moneda antigua, aquel día que la visité con la Chunga: «De lo que me pregunta, joven, le diré que Manolete fue un gran amigo nuestro y que es verdad lo que dicen, que yo le presenté a Antonia, perdón, a Lupe, en el Chicote de Madrid, cuando usted a lo mejor ni había nacido todavía».

Después se dedicó a enseñarme los secretos del baile gitano, que deben ser de ombligo para arriba, «porque lo que hay que hacer es mover bien las manos, que de ombligo pa'bajo y con los pies, sólo son machacas...»

Yo había sabido de Lupe Sino por una excepcional leyenda que aún pervive del Madrid de aquellos días.

«NENA, NOS VAMOS A TOMAR UN TIEMPO»

Amigo de don Santiago Bernabéu y de los seguidores apasionados del Madrid de entonces, un hombre simpático y muy buen comerciante que tenía la mejor perfumería de Madrid en una calle trasera de la Puerta del Sol —creo que yo llegué a ponerle en antena en la radio, en los tiempos de Bobby Deglané, un anuncio que decía:»Aféitese la barbilla con máquinas de Padilla»— pues muchas veces aquel hombre flaco, simpático y elegante, nos había descubierto su secreto: «Sí, yo soy tío de Lupe Sino, la novia de Manolete...» De hecho es en una de sus casas, de las de su familia, donde Lupe y Manolete —ya el torero triunfante, ya el torero dentro de la leyenda— vivieron en Fuentelaencina, un hermoso pueblo alcarreño. Todavía puede verse la casa en la que disfrutaron juntos, y mucho, en esas fotos pálidas de las paredes de la taberna donde aquellos vecinos verdaderos, apoyados en el bastón —la tercera pierna— y bajo la gorrilla de los años, te dirían:

—Aquí se quisieron mucho. Manolete parecía uno más, uno de nosotros mismos. Encendía el cigarro con nosotros, tomaba un vaso de vino con nosotros, aquí, donde usted mismo está. La Lupe y él parecían dos recién casados...

—Pero no lo eran, no te olvides.

Siempre hay alguno que remata la faena, alguno que sigue yendo a la misa de los domingos —donde cada día van menos.

En cualquier caso, de la misma forma que el pueblo donde nació Lupe, Sayagón, Fuentelaencina forma parte de la geografía del amor del torero, como aquel día en que Manolete, cansado ya, con más de una cicatriz grande en su cuerpo, le pide a Lupe:

—Nena. Nos vamos a perder un tiempo...

—Nos vamos a México, ¿sí?

—No, niña, no. Nos vamos a ir a ese pueblo que hay al lado del tuyo, donde tienen una casa tus tíos que nos han ofrecido más de una vez. Nos vamos y como si estuviéramos en el extranjero, sin decírselo a nadie, a disfrutar de lo nuestro, que buena falta que nos hace. Y además, ¿cómo va a saber nadie que estamos en un sitio como ese?

Es una parte de la vida del torero no muy conocida, por eso la tengo a mano, que nos confirma que el torero estaba loco por Lupe, aquella dulce criatura de la trenza o el moño recogido, que se llevaba mucho entonces. Lupe quería hacer cine. De hecho, había trabajado ya en alguna película e iba, como todas, a ver que se podía recoger de la cosecha del éxito y de la esperanza en aquel lugar mítico, cantado, incluso, en el chotis de Agustín Lara: «Y en Chicote un agasajo postinero, más castizo de la calle de Alcalá... Madrid, Madrid, Madrid, en México se piensa mucho en ti...»

Allí se conocieron. No hay confirmación histórica de que después de la presentación, esa misma noche, se acostaran juntos Manolete y Lupe Sino, 'la Bella y el Monstruo'. No la hay, pero podría ser, es lo más lógico; podría dar fe de la efímera, pero fascinante gloria del primer encuentro. El 'Pipo' —al que tanto conocí y que merece un capítulo aparte, el hombre que amortajó a Manolete— lo ha escrito todo en un libro excepcional, suyo, escrito casi en los últimos días con su sangre. Nadie ha conocido al 'Pipo' como yo, tanto que sé que, quizá sin él, Manolete no habría sido lo que fue. 'El Pipo' ha escrito que «esa misma noche hicieron el amor, lo que tenían que hacer dos personas que se atraían profundamente, aunque no se habían conocido hasta que Pastora y 'Gitanillo' los presentaron». A mí me dijo, y no como mancha del recuerdo de la Sino: «Pero ella, la pobre, ya venía del sitio que le habían dado otros toreros...»

Lo cierto es que ahí se inicia la historia de amor más gran_ de que vieron los años de esa España. El torero más grande había partido su corazón, como la copla hoy, en dos pedazos, el amor de Lupe y el de su madre, que siempre decía a quien llamara a su puerta:

—Que sepa usted que mi hijo a quien quiere es a mí. Si lo sabré yo que soy su madre...

—Sin embargo, señora…

—Eso son habladurías. A mí, a quien quiere de verdad es a mí. Esa de la que usted me habla es una fulana que está engatusando a mi hijo con sus mentiras. A mí mi hijo no me miente nunca y me dice que a quien más quiere es a mí, siempre, de frente o por teléfono, todos los días del año que se lo pregunto, cuando está fuera en México o en España toreando...

ADENDA FOTOGRÁFICA

El doctor Garrido padre al autor: «Manolete murió
a causa de la transfusión de plasma».

Un testimonio inquietante de Luis Miguel Dominguín:
«Manolete quería morir aquella tarde».

Alternativa de Manolete.

Manolete, aún joven y con traje de luces, posa con
su madre en una fotografía de estudio.

Manolete humillando al toro con un gran derechazo.

Un joven Manolete pasea con uno de sus primeros trofeos como matador.

Confirmación, en Madrid, de la alternativa de Manolete.

El diestro junto a las tablas.

El torero junto a la guapa Lupe Sino.

Manolete en un encuentro con Fray Albino, Obispo de Córdoba.

Manolete, durante una corrida, siendo entrevistado por Matías Prats.

Durante un homenaje celebrado en Córdoba en honor del torero.

Manolete, en el campo, donde se escondía con Lupe.

Manolete y su gran amor, la bellísima Lupe Sino,
en un acto celebrado en Nueva York.

Una extraña foto del torero ¡sonriendo! junto a Miguel de Molina. Nochevieja en México en los años 40.

En pleno almuerzo.

Manolete inicia su último paseíllo.

Fotografía recogida por Cano instantes después de la mortal cogida.

Pasodoble a Manolete de los maestros Ramos y Orozco.

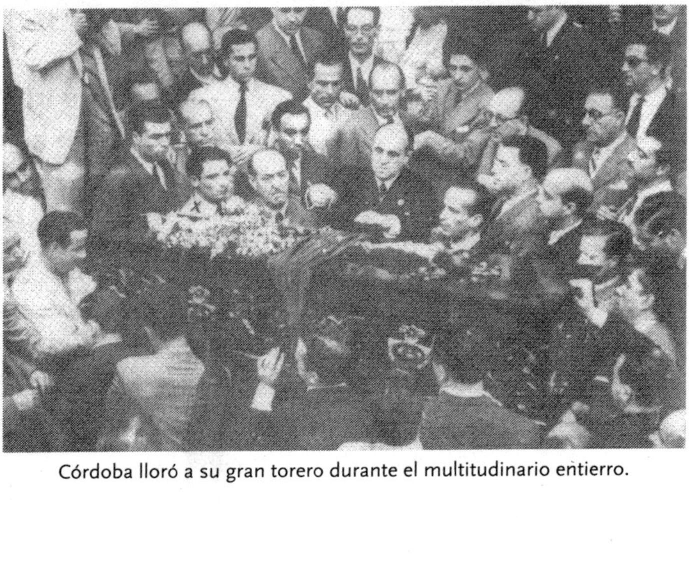

Córdoba lloró a su gran torero durante el multitudinario entierro.

Gran consternación en Camará.

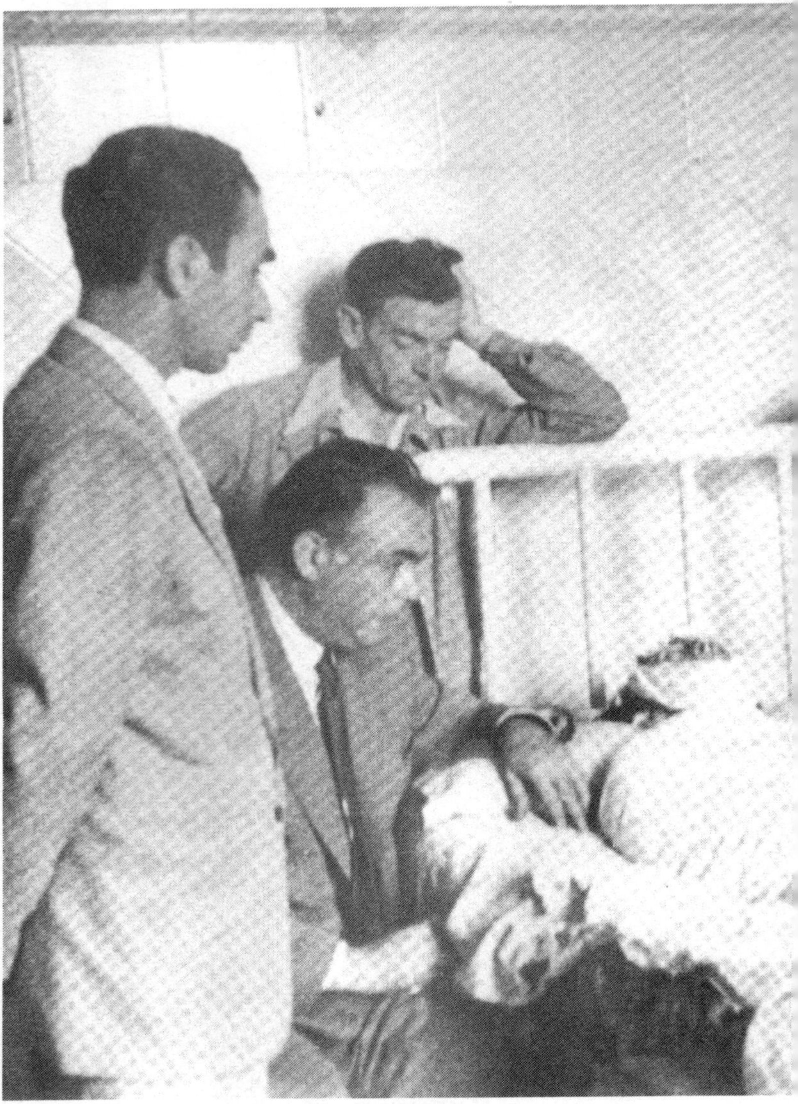

De izquierda a derecha: Teodoro Matilla, El Pipo, Cantimplas, la mujer del Yoni, Lupe Sino y Carnicerito de Málaga.

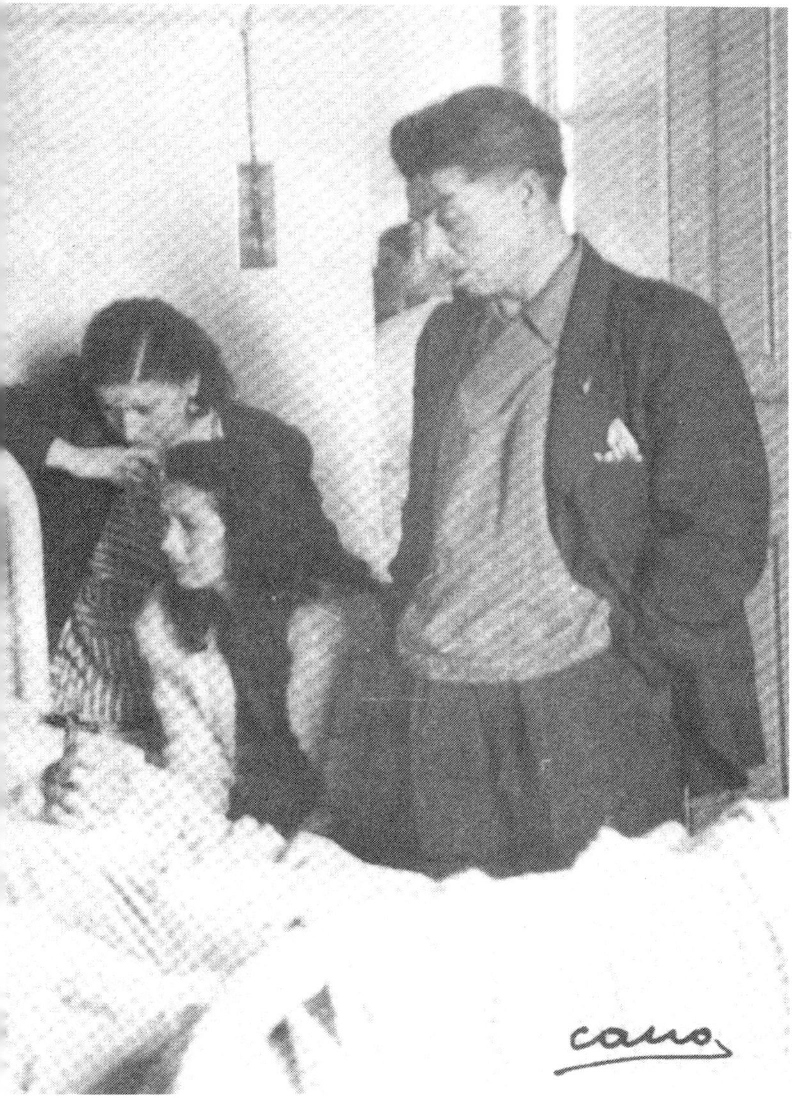
cano

Antonio de la Torre, el sacerdote que confesó a Manolete en el hospital.

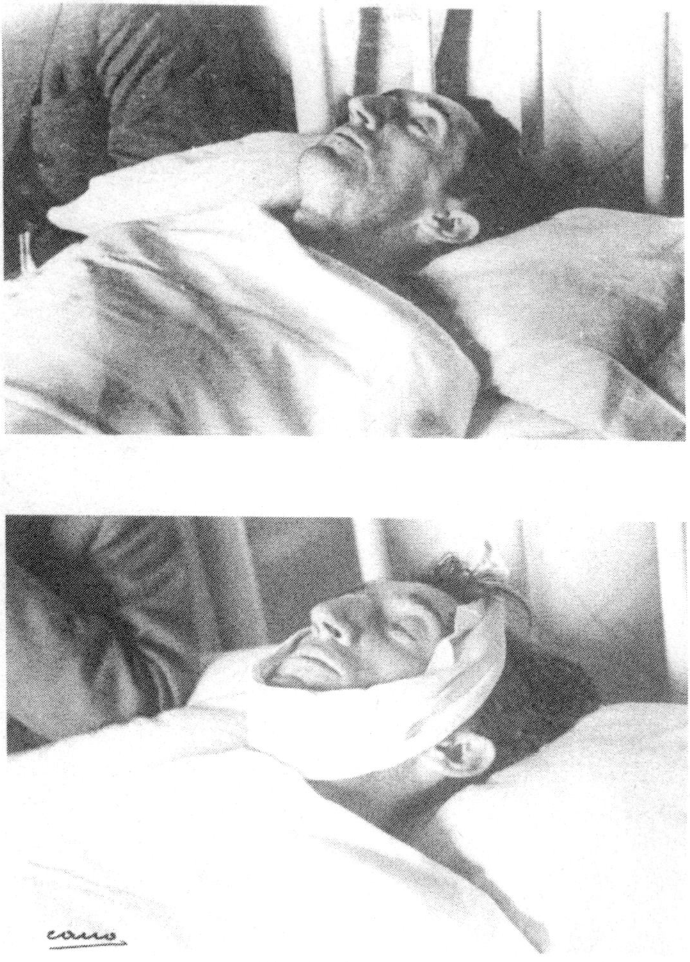

Manolete ha muerto.

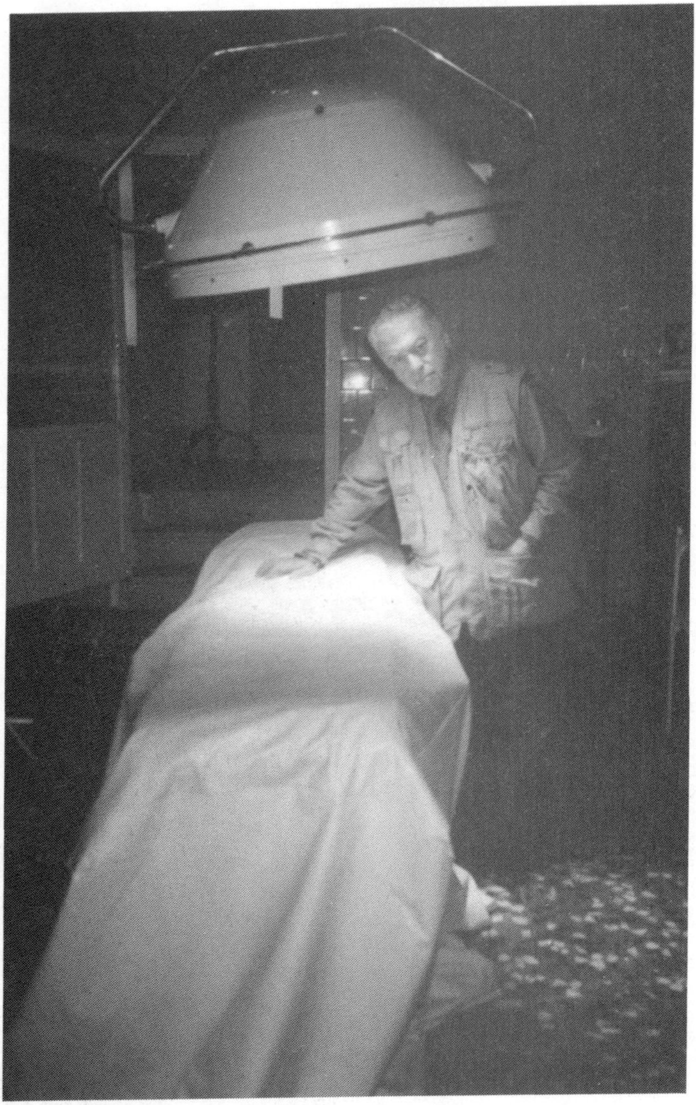

El periodista en la enfermería de la plaza de Linares.

Con el Pipo en su cervecería de la plaza de las Tendillas.

Foto de Ricardo en la que vemos a Manolete
a hombros, tras una gran corrida.

†

ROGAD A DIOS EN CARIDAD

POR EL ALMA DE

Manuel Rodríguez Sánchez

"MANOLETE"

QUE DESCANSÓ EN LA PAZ DEL SEÑOR

EL DIA 29 DE AGOSTO DE 1947

Habiendo recibido los Santos Sacramentos
y la bendición de Su Santidad

R. I. P. A.

Su desconsolada madre Doña Angustias Sánchez Martinez; hermanas Doña Dolores, Doña Angustias, Doña Angela, Doña Teresa y Doña Soledad; hermanos políticos Don Federico Soria Casanova, Don Rafael Torres Lineros, Don Manuel Alba Gutiérrez y Don Julio Delgado Bueno; primos, sobrinos, demás familia, su apoderado Don José Flores (Camara), cuadrilla y amigos,

SUPLICAN a usted se sirva tenerle presente en sus oraciones y encomiende su alma a Dios.

R. I. P.
AQVEL QVE LAS ARENAS PISO CON MAS FIRMEZA
YACE AQVI BAJO EL CIELO DE SV CORDOBA MORA.
DICTO FRENTE A LOS TOROS LECCIONES DE MAJEZA
PONIENDO EN PIE A LA HISPANA MVCHEDVMBRE SONORA.
LOS CLAROS CORDOBESES DE OTROS SIGLOS LE VNGIERON
PORQVE EN ÉL RENACIERA SV PROPIA ARISTOCRACIA.
TVVO EN SV MANO IZQVIERDA, DICEN CVANTOS LE VIERON
EL DIVINO SECRETO NATVRAL DE LA GRACIA
CREYÓ EN DIOS Y EN LA VIRGEN. FVÉ VALIENTE Y GALANTE.
PRENDIÓ POR AMBOS MVNDOS LA GLORIA EN SVS MVLETAS.
VISTIÓ EL TRAJE DE LVCES CON SEÑORIAL TALANTE
GOZÓ DE LA ALABANZA DE TODOS LOS POETAS.
CVMPLIÓSE EN ÉL LA ESTRELLA QVE SE DA EN LOS MEJORES:
MORIR EN LA CONTIENDA, LA NOBLE FRENTE ERGVIDA...
ENTRÓ A MATAR SIN TRAMPA, CON CLÁSICOS FERVORES
Y EN ASTAS DE VN MIVREÑO LO DIÓ TODO: ¡LA VIDA!
SV APODO, "MANOLETE"; "ISLERO", EL DE LA FIERA.
LA FECHA, DE VN AGOSTO; LA PLAZA, DE
MANVEL RODRIGVEZ SANCHEZ
¡VN AIRE DE LEYENDA LE LLORA EN MIL
RAFAEL DVYOS

Hablando de Manolete en el 73, en la plaza de toros de Linares.

Espejo

Tico Medina con doña Angustias en su casa de Córdoba.

Con el hijo del doctor Garrido.

En el Museo Taurino de Córdoba.

El despacho de Manolete.

El autor con Cano, el fotógrafo «que estaba allí cuando murió Manolete».

EDUARDO MIURA: LA HISTORIA DEL TORO, EL OTRO PROTAGONISTA DEL DRAMA

He hablado con todos, incluso con los que no querían. Pero en esta historia, para sentenciar un pleito, hay que escuchar a las dos partes —según el refranero andaluz que siempre, siempre, dice la verdad. El toro es clave en la geometría del riesgo en el ruedo. Es la vertical del torero frente a la horizontal del toro. No sé si fue Bergamín quien lo dijo, sentado en su silla de anea en la sierra de Huelva: «...y cuando se produce la cruz sucede la catástrofe. Tal vez la muerte».

Así que me puse a buscar, hace ya más de treinta años. Ahora, incluso, hasta he encontrado la vieja cinta magnetofónica que es un auténtico documento, técnico y humano, de los protagonistas. Me costó trabajo, y mucho, concertar un encuentro con don Eduardo Miura, un señor del toro, el ganadero sabio. Un hombre difícil, más bien tímido, de rostro de labriego, pero de un señorío que no se encuentra en los libros sino en la propia vida. Lo intenté todo. Debo decir que me ayudó, y mucho, Vicente Zabala padre

—muerto en acto de servicio en América, en un avionazo colombiano, cuando iba a hacer la crítica de toros para ABC— quien, por otro lado, no era siquiera muy manoletista.

Y lo conseguí.

—Venga, ea. Venga usted si no hay más remedio. Le quiero decir que a mí me gusta poco hablar y menos de este tema tan triste; pero veo que usted trata bien nuestro mundo y, sobre todo, el tema de Manolete. Así que le espero. ¿Sabe usted dónde está el cortijo de Zahariche?

—Lo sé, don Eduardo. Pero si no lo sé, lo busco, no se preocupe.

—Zahariche está junto a Lora, en las tierras sevillanas.

Guayaberas. El ganadero lleva puestas las camperas, o sea, está de uniforme, es un día más de trabajo. La puerta, ancha, muy abierta, con dos huesos hermosos de cabezas de vaca madre colgadas de lo más alto —que me hacen recordar aquel día que visité el rancho de John Wayne, en Nuevo México, donde ahora está enterrado con las tres efes que le identificaban: «Feo, fuerte y formal».

«Maderas negras», anoto en mi cuaderno, «los toros pastan despacio, gritan las chicharras, los violines del mediodía. Hace un calor seco, insoportable; la mar está lejos todavía. Chaparros».

—¿Cómo anda usted de tiempo?

—Por Dios, no me hable usted de usted. Me habla de tú, como debe ser.

—Es una vieja costumbre de la casa, hasta que nos conozcamos mejor, Medina. ¿Fuma?

—No, hasta que sea mayor.

Sonríe. Se pone a un lado el sombrero plano con barbuquejo para la galopada, con la cinta interior muy sudada, muy usada.

—Le extraña, ¿no? Pues que no le extrañe, porque yo enciendo siempre mis cigarros, a caballo o a pie, con este viejo mechero de yesca. Así no se apagan nunca.

Le veo la eficacia en el rostro, la arruga del surco trabajado. Es rico, pero lo merece. Se dirige, cuando entramos al cortijo, a un mozo que va por ahí, como el que pasa, con una camisa limpia como los chorros del oro.

—¿Quiere usted bajar las persianas? Hace calor. ¿Le apetece tomar algo?

Le cuento que hace poco estuve en el corazón charro de Salamanca, junto a la inmensa chimenea de piedra de don Alipio —aquel hombre inmenso que siempre iba vestido como para una portada de la Lidia, las más anchas y generosas patillas de boca de hacha que había visto en mi vida.

—Es grande don Alipio... A ver, dígame usted lo que quiera saber.

—Es usted quien tiene que contármelo, don Eduardo.

—Es que, aunque no se lo crea, no me gusta demasiado comentarlo. Además, no crea usted que lo he dicho muchas veces, pero tratándose de quien se trata. Además de Zabala me ha hablado de usted, y bien, don José Flores Camará, que es un gran amigo mío.

—Yo quería conocer en profundidad el retrato taurino de Islero, el que murió matando en Linares; acercarme a su leyenda. Es la otra parte del drama. Es el asesino —no le gusta el calificativo, pero no dice nada.

—Tome nota.

Esto, contado por el propio ganadero, tiene su eco especial entre estas paredes llenas de toros, rodeados de cabezas de toro disecadas, con sus terribles y fríos ojos de bola de gaseosa.

—La madre de Islero se llamaba la Islera y tenía el número doscientos veintiséis. Era una vaca chorreada, mulata, una de las doscientas cincuenta vacas que yo tenía en la camada de entonces. Era una vaca normal, sin pena ni gloria, y su hijo, de no ser por lo de Manolete, no habría pasado a la historia, créame.

Traen algo fresco —aprieto la memoria pero no lo recuerdo, quizás podría ser gazpacho, aunque todavía entonces era un plato de pobres y no lo servían en vaso.

—Islero nació aquí mismo —luego le enseñaré el sitio si tiene curiosidad por saberlo— aquí cerca, en el término de Carmona, donde yo tengo las vacas y sus hijos lejos de los toros. Así que ahí en la Cascajosa nació. Nada que le hiciera diferente, ni un mal modo, ni una señal rara, nada de nada. Una vida normal, como la de sus hermanos, hasta lo de Linares. Lo que sí le puedo decir, que es ya incluso voz popular, es que ese toro mío no tenía que ir a Linares.

—Ya hay ahí, don Eduardo, un síntoma de fatalidad, de que Dios escribe derecho con renglones torcidos.

—Se decidió que fuera a Linares, y no donde tenía que ir, veinte días antes. Permítame que le cuente como fue. ¿Usted no tendrá prisa, verdad?

—No señor, que tengo toda una vida. Me cuenta, don Eduardo.

—Yo ese año no tenía corrida de toros para Linares. Mi corrida iba a ser embarcada para Murcia. Pero lo que son las cosas, dos semanas antes, más o menos, va y me llama Balañá, que era el empresario de Linares —voy copiando con fidelidad la conversación mantenida— y me dice:

«—Tienes una corrida de toros lista para Murcia, ¿no?

—Sí, don Pedro —que además de ser amigo de la casa era una autoridad en el mundo de la empresa taurina.

—Bueno, pues esa corrida de toros no va a Murcia, sino a Linares.»

—Me preocupó aquello, porque no era muy frecuente que pasara, aunque ocurría a veces. Yo llamo a Camará y le digo: «Que va la de Murcia a Linares. Al torero no le va a importar, porque los toros son míos y él sabe que son miuras lo que tiene que torear en Linares». Y le insistía por teléfono —cuando una conferencia desde Barcelona valía un ojo de la cara: «Esa corrida me la llevo yo a Linares, hablo con quien tenga necesidad de hablar y todo arreglado».

—Eso sí —continúa Eduardo Miura mientras entra un perro, despacio, elegante, muy de la casa, como si acabara de descender de un cuadro de Coverty—, me preguntó don Pedro Balaña:

—¿Cuánto me va a costar la corrida? Ya sabes que la torea Manolete.

Y le respondí, con un punto de preocupación, no sé por qué lo pienso ahora:

—Bueno, pues lo mismo que le iba a costar a la empresa de Murcia le cuesta a usted, por ser usted quien es, Don Pedro.

Yo dije que hecho, que la palabra es la palabra. Poco después vino Paco Casado, apartó la corrida, y se la llevó a Linares, aquí mismo, como quien dice.

—Me dijeron —ya sabe usted que se han dicho tantas cosas— que Islero ya había sido toreado, no sé dónde, incluso que lo habían visto en San Sebastián poco antes.

—Digan lo que digan yo le aseguro que ese toro salió de aquí entero y listo para Linares.

—De la misma forma, don Eduardo, que me han dicho que era un toro arreglado por dos veces, una en San Sebastián y otra en Linares.

Vuelve a encender su cigarro liado con su mechero de mecha. Me pone una mano, este hombre de pocas palabras, con rostro de campesino del pintor Paco Ariza, sobre la rodilla.

—Mire usted, dicen muchas cosas que no son ciertas. Poco cuento le tendría que quedar a ese toro, Islero, después de que le cortaran dos veces los pitones. Habría salido a la plaza mocho, hombre. Lo que sí le pudo decir es que Islero era más bien un toro cornicorto, de pitón ancho, como muchos de mis toros. Además, ¿lo ha visto usted en ese Museo de la Maestranza de Sevilla?

—Sí señor, varias veces. Como he visto en el de Córdoba la piel de la madre, la Islera, tan cerca de la memoria de Manolete. Me han dicho que poco después, y de su propia mano, mató a esa Islera en un día de recuerdo...

—Cierto, cierto, pero tardé dos años en hacerlo. Andaba pastando por aquí y yo siempre que la veía sentía un vuelco. Así que un día, yo solo, le pegué un puntillazo y la maté. A veces se hacen estas cosas, costumbres antiguas. También se hizo lo mismo con la madre del toro Perdigón, aquel que mató a Espartero.

—Tal vez tardó usted demasiado tiempo en quitársela de en medio...

—Sí, no sé por qué. Un día me dio un viento y lo hice. No tenía donde vengarme de la pena que tenía dentro: un toro nuestro se había llevado a uno de los toreros más grandes en la plaza y más buenas personas en la calle de que teníamos noticia. Ahí mismo, donde está usted sentado, en esa penumbra, más de una vez hablamos los dos, cuerpo a cuerpo, alma con alma. A Manolete le gustaba mucho escuchar y, más que nada en el mundo, escuchar historias de campo y del toro.

Entra el mozo, silencioso, y pregunta si me voy a quedar a comer. Digo que sí. Me ha costado mucho trabajo esta entrevista y Eduardo Miura me está hablando de Islero, aquel que también mató muriendo. Podría ser irrepetible. Además, las viejas historias del periodismo aseguran que en una comida se dicen cosas que no se descubren con el magnetofón andando.

—¿Le gusta el cocido?

—Hombre...

—Tenga en cuenta que es verano, pero alimenta mucho. Yo como del de los segadores, el mismo. Que pongan dos servicios, Juan.

—¿Y que pasó con la cabeza de la madre de Islero? Es un buen trofeo para un museo taurino.

—Ya lo sé, pero me la pidió un amigo, un gran aficionado, Enrique García Oviedo, que es de Sevilla, y se la di. Era también una forma de aliviarme... Hasta que acabó en la Maestranza. Siquiera, no se olvide, por la vinculación tan grande que yo tengo con esa plaza que, hasta la fecha, me ha toreado, en treinta y cuatro años, treinta y cinco corridas.

Me contó Miura que Islera no tuvo más descendencia: ni hijo, ni vacas, nada de nada. La rama Islera murió con ella.

—Hombre, sí que me acuerdo que un hijo de Islera se lidió antes de lo de Islero en Sevilla, pero sin demasiada importancia, sin pena ni gloria.

Me gusta este sol y sombra de las persianas de soga. Me gusta esta hora de las confidencias. Así que escucho, escucho, sigo escuchando…

—Me han dicho, por activa y por pasiva, que el toro Islero estaba arreglado…

—No siga por ese camino, porque no es cierto. ¿Ve usted ese toro, esa cabeza que hay allí? Bueno, pues da la sensación, pero no lo arreglaron nunca. Ese toro se llamaba Catalán y lo toreó 'Bombita'. Bueno, pues mi abuelo no iba a arreglarle los cuernos al toro de 'Bombita'. Le insisto en que ese toro, Islero, era cornriancho, de cepa gorda...

—A ver si me aclaro, don Eduardo. Mire, ¿por qué razón, entonces, hasta este día no ha aparecido la cabeza de Islero? ¿No será porque no quiere alguien que se vea el arreglo? Sería un trofeo único y una prueba total de que no había sido afeitado.

—Le voy a contar algo que quizá usted no sepa. Cuando un toro muere en la plaza, después de la lidia se lo llevan las mulillas hasta donde tienen que llevarlo: a hacerlo carne con los demás. Y eso es lo que hicieron con la cabeza de Islero. No la cortan entera porque cuando llega, con aquel calor, no se sabe todavía que Manolete estaba tan grave y que no iba a salir de esa. Así que no hay intención de tener un trofeo antes de que Manolete agonizara. Se parte en pedazos como se hace con las cabezas de toro después de la corrida. Eso se hacía así entonces, ahora no. Después de aquello se guarda la cabeza en un rincón, por los reconocimientos 'post mortem'. Pero eso aún no se hacía entonces, ese día del veintiocho de agosto en Linares, que no se quiso ocultar ninguna verdad sino, sencillamente, se hizo lo que se hacía siempre. Los matarifes cumplieron con su oficio mientras quizá comentaban lo que había pasado, pero sin otro ánimo que cumplir con su obligación, ni más ni menos.

Dicen los sabios que el toro arreglado pierde la sensación de la punta, con la que busca y encuentra. Pero también es cierto que el pitón arreglado te puede llevar por delante con más fuerza, porque se ha afilado el cuchillo de combate, de pelea. Después han aparecido, luego de esta entrevista, no sé cuantos pitones de Islero, unos arreglados y otro no. Incluso he visto en un cortijo del Sur, donde fui a buscarlos para contarlo, unos con su gota de sangre de Manolete intacta en la cepa. Pero no era cierto, estoy seguro. Aunque ni se hace el ADN, que diría la verdad...

Recordamos —en este mano a mano, el plato lleno, el agua fresca, el vino negro— que esa misma noche de agosto del 47 el mayoral de Miura, como es habitual, le envió un telegrama azul, de aquellos de la letra grande, negra: «Manolete herido grave».

Miura y su mujer corrieron entonces a la radio, que vomitaba ya la noticia tremenda que asoló España, que hizo parar la circulación de este viejo país, dramático y terrible.

—Los partes de la radio no paraban un instante. Yo estaba aquí mismo, con mi mujer y algunos de mis hijos. Mi padre y mi tío vivían en los 'Gallos', un cortijo de aquí cerca. Así que, cuando supe la noticia, en la madrugada del veintinueve —los teléfonos no cesaban de sonar—, fíjese que me fui corriendo para estar con ellos, todos juntos, como si de un familiar cercano se tratara. No será fácil de olvidar esa noche, esos días tardíos. Le diré que estuvimos más de un año sin llenar nuestro palco, que es el numero veintitrés en la Maestranza de Sevilla. Aquel año no hubo feria para ninguno de esta casa.

«Y todas las noches, todas —lo recogí de un familiar cercano— don Eduardo y su esposa rezan un padrenuestro por Manolete».

A CORAZÓN ABIERTO

A Manolete no le gustaban los periodistas, aunque los tenía, y muy buenos, que le respetaban y le querían. Entre los mejores estaba aquel que le llamó 'Monstruo' después de una faena memorable, Ricardo García K-Hito, director de 'Dígame', con el que hablé muchas veces del torero de Córdoba y que, incluso, me dio de comer más de una semana abriéndome las páginas de su semanario, entonces de los más populares de España —con mucho del mundo de los toros al que yo acaba de llegar con el hambre entre los dientes.

Ahí estaban, para demostrarlo, José Luis Córdoba, que se nos murió hace poco y que fue el que más cerca y durante más tiempo acompañó al torero como cronista; también quien más libros ha escrito de él. Antes y después de su muerte fue un hombre serio, riguroso, con un punto de duende, que conoció al genio de muchacho, casi empezando, y del que escribió hasta más allá de su memoria. Manolete le tuvo en mucha estima, sobre todo y ante todo, porque era su amigo, además de su paisano. Al torero lo trataba con respeto. Le gustaban mucho sus silencios, aún más que sus palabras. También estaba Antonio Bellón, que escribió de él desde novillero hasta después del adiós, y que merece un sitio en esta memoria escrita a golpes de sangre, a veces como un documento, a ratos como una leyenda, pero siempre desde la verdad.

Y desde luego, aparte, aquella última entrevista en un diario de Valencia. En ella el torero dice que se va en el otoño y que le quedan pocas corridas por torear; dice que está deseando vivir la vida y que dejen de meterse con él cuando lo está dando todo en la plaza. Es esta entrevista, sin duda, la mejor: formidable, larga, y aún siendo la penúltima, la más amplia, sincera y verdadera de toda una vida, la de Manuel Rodríguez Sánchez. Es, quizás, un libro abierto, porque quien se la hizo era alguien que estaba muy cerca del sentimiento del torero de Córdoba —aparte de ser de Montilla— José María Carretero, el 'Caballero Audaz', el de la pipa, el bigote y la raya en medio, que llegó a ser tan popular escribiendo novelas como entrevistas a los más grandes de su época: reyes, cupletistas, escritores... Una sonrisa reconocida en la calle por lo que escribía, pero que llegaba también más lejos que nadie preguntando. No se le cerraba puerta alguna y eso en un tiempo en que ni siquiera había televisión. José María Rodríguez, el 'Caballero Audaz', el que llegaba preguntando donde nadie llegaba, valiente y riguroso. Sus novelas se vendían como rosquillas; las leía todo el mundo, incluida Lupe Sino, la novia de Manolete. Era, además, paisano del torero y eso a él le parecía cercano, casi familiar.

Por eso, porque creo en el valor del documento, de la fecha y del tiempo, la traigo a nuestra verdad recreada

—no me atrevo a decir que destrozada— con aquello que gustaba y aún gusta a los lectores: las preguntas y las respuestas que tanto rompen el plomo y agilizan el documento periodístico. Cuenta en su extraordinaria entrevista el 'Caballero Audaz' que fue a ver a Manolete, aún convaleciente de una cornada seria, a Madrid, al sanatorio de la Milagrosa. Manuel le había pedido al periodista —espléndido reportero también— que viniera a verle temprano para que pudieran hablar tranquilos, porque en cuanto llegaba la mañana se llenaba la habitación de gente querida —y no querida también—, algo tan viejo como la historia del toreo mismo.

Cuenta el 'Caballero Audaz' que ya había más gente de la cuenta en la habitación cuando llegó. Monjas blancas de palomas almidonadas le llevan hasta él y encuentra al torero semidesnudo, sólo con una blusa que le cubre sus partes. Describe textualmente al caído: «Pude darme cuenta perfectamente de que no es un hombre endeble y flacucho como dice la gente. Antes bien, tiene anchos pectorales, sus brazos están bien musculados y su piel es rosada y sana. Presenta el aspecto de un muchacho lleno de salud». Y anota, con la ferocidad del lince que observa:

«Muy limpios y cuidados sus pies, una uña parda del dedo anular del izquierdo pone una nota discordante en su blancura». De lince a lince, éste es un dato que demuestra claramente la limpia cabeza del entrevistado: «Él, al advertir que mis ojos se detienen en este detalle, me explica:

—Fue un pisotón que me dio un toro en México».

Cuenta Carretero —que ha sido estudiado a fondo, como periodista, en un reciente libro del investigador cordobés Antonio López Hidalgo— que alrededor del torero, en torno al lecho, estaban «una mujer pálida y ojerosa, su mozo de espadas, Guillermo, y Carlos Arruza, quién está reclinado en un diván cercano».

El torero presenta al periodista:

—Aquí mi novia, éste es el 'Caballero Audaz', del que tanto te gustan sus novelas.

Ni el nombre ni el apellido, pero si el cargo, «aquí mi novia», como quien sabe, advierte el escritor, que ella desea, «sobre todo, pasar inadvertida».

Ha llegado también el doctor Jiménez Guinea, al que tanto quiere y del que tanto espera siempre el torero. Mientras le mira el apósito entran en escena un practicante y una monja con el carrito de las asistencias. También está allí «Gitanillo de Triana», con el que, cuenta Manolete mientras le miran la costra de la herida —una señal más sobre la piel—, anoche jugó a las cartas allí mismo, hasta las cuatro de la mañana, y que además —lo dice el mismo torero al periodista—, le hizo perder cuatrocientas pesetas, de las de entonces.

Una timba en cualquier sitio para espantar tantas cosas, junto con un coñac, que los antibióticos eran una cosa aún a medio descubrir. Es tremendo pensar que fue el mismo doctor Jiménez Guinea quien, meses después, en lo de Linares, ordenó, es más, fue él el que inyectó aquel plasma maldito, ése que de una vez por todas, en la esperanza aún de la supervivencia, acabó con la vida del torero. Así se escribe la vida.

Sin embargo ese día, el torero, con sus ojos grandes, un tanto vacunos —como los míos, ojos gordos como los del caracol—, le pide al médico de cabecera, el que vivió la última hora de Manolete, que le deje levantarse, que ya no le duele nada, que está listo para ponerse en pie. Manuel le pide al médico que le de el alta para poder torear, en cinco días, en la corrida de Valencia. Pero el médico se lo niega, con gesto serio, el cirujano implacable —yo le entrevisté también en su día a la puerta de su quirófano madrileño. Le dice que no puede levantarse hoy ni poner el pie en el suelo en unos días, que lo de Valencia, ni discutirlo. Le dice que lo hace por su bien y que, si se endereza, corre el peligro de que se abra de nuevo la herida.

—Y se lo digo por su bien, Manolo. Si torea usted en Valencia, con la cicatriz medio abierta, puede quedarse cojo de por vida.

La sulfamida milagrosa y Camará tras el escaparate de sus gafas oscuras, indicándole al torero que tranquilo, que hasta Vitoria no hay nada que hacer. «Mejor salir fuerte que a medias», me diría don José años después de lo de Linares, hablando a solas, largo y tendido, de Manolete y de Islero, «que era mucho lo que le exigían en el ruedo, más que a nadie. Cobraba más que ninguno, es verdad, pero también daba más que nadie frente al toro».

Manuel le cuenta al periodista, más adelante, que a pesar de la cornada —en aquella corrida en la que precisamente no cobraba un duro, porque era de beneficencia— la gente estaba con el feroz imposible, y así se lo cuenta a Carretero. No quiero quitar ni una brizna de coma a su relato.

—Había un hombre desagradable en un tendido que, inmediatamente que salí, nada más que abrí el capote, empezó a decirme cosas que yo escuchaba perfectamente, a meterse conmigo.

—Igual fue ese el culpable de la corná, Manolo.

—Ese desgrasiao no tuvo culpa de na, na de na, ni cambió la trayectoria de lo que yo tenía pensado hacer con el toro, porque hice lo que quería hacer, ni más ni menos. Me dijo tantas cosas que no puedo recordar concretamente ninguna. Mire usted, don José María, ese hombre pertenece a esa clase de gente que siente un gran placer en mortificarle a uno cuando no se puede responder al agravio con el agravio y a la violencia con la violencia. Así que, como lo hacía a destiempo y con injusticia, a mí me produce algo de amargura, porque yo en esa corrida puse toda mi alma.

Y más adelante, en el espléndido documento periodístico, el torero cuenta, poniendo el corazón también herido sobre la mesilla de noche, donde las estampas:

—Mire usted, me tenía frito. Que si ya era hora de que vinieras a Madrid, que si aquí queríamos cogerte, que aquí estarás mal pero en Valencia vas a estar peor... Cuando yo, ahí abajo, había hecho una faena de pases ceñidos, naturales de verdad, salta el tío y me grita de nuevo lo de siempre: «¡Manolete, menos cuento, menos cuento!»

Abajo, de luces, se acerca entonces al burladero, andando despacio, y mira al hombre, al que se podía ver bien porque le gritaba en solitario y de pie, y...

—No sé lo que le dije. Lo que sí sé es que ya no podía más y a lo mejor le solté una barbaridad... Pero no lo recuerdo.

La gente de la plaza sí y, sobre todos los de aquella plaza llena, los que estaban más cerca en la barrera o con el micrófono en la mano. En aquella fotografía inolvidable, su paisano, Matías Prats, lo estaba retransmitiendo para toda España en el parte de Radio Nacional. Se sabe que dijo, mirando al menos respetable del respetable:

—A ver si baja usted aquí, so venao, y le voy a dar los veinte naturales que necesita.

No era frecuente, no se oyó, que Manolete hiciera cosa igual ningún otro día. Como era un gran tiempo de pobreza, había quien exigía al que más cobraba, según la voz popular. Dicen que cuando murió —Manolete tenía treinta años, casi la edad de Cristo—, en sus cuentas corrientes, además de tierras y otras cosas, acumulaba más de treinta millones de pesetas.

Lo que sí se sabe, sin embargo, es que Manolete tenía unas grandes orejas que no le gustaban nada cuando se miraba al espejo, según confesó más de una vez. Con ellas le hacía bromas Lupe y sólo Lupe. Escuchemos al torero cuando abre sus sentimientos, de par en par, a su paisano, el 'Caballero Audaz', los dos con la música cordobesa en el acento.

—Yo es que oigo lo que me dicen en las plazas y también lo que me dicen en las calles. Que a lo mejor siento un tío que, a dos metros de mí, me grita: «Ahí va Manolete que no viene a la plaza de Madrid ni atao, porque en provincias toreas becerros...»

—¿Y tú te das por aludido —textual— en estas alusiones?

—No, hombre, no. Yo las echo toas en un saco y las agradables compensan a las desagradables...

Le descubre Manolete a José María Carretero, cuando éste le pregunta si es verdad lo que la voz popular dice de que piensa retirarse pronto:

—A nadie se lo he dicho hasta ahora pero, ahora que tú me lo preguntas, te diré que es certísimo. Me retiro profesionalmente al final de esta temporada.

Acota a volapié el periodista: «Lo dijo con una solemnidad opaca, lenta y melancólica. Después, como el que habla de un sacrificio, agregó»:

—¡No hay más remedio!

—Pero, hombre, tan joven... ¿Qué es lo que influye en esa decisión tuya?

—En realidad, y tal vez únicamente, el hambre que tengo de vivir la vida y no continuar siendo un muñeco y un esclavo de ella. La existencia que llevamos los toreros es muy triste, aunque el público crea lo contrario. La vida que hacemos es peor que la de los anacoretas, no sacamos de ella ningún jugo: de un lado para otro, sin descansar en ninguna parte, cargados de angustia, llevando a cuestas la vergüenza de las tardes malas cuando el público se convierte en una fiera ululante, de terrible crueldad, que no quiere ver las razones que hemos tenido para no hacer una faena brillante a un toro que está huido, que no embiste, que da cornás a diestro y siniestro, que está quedao, o que muchas veces está toreao antes de llegar a la plaza... El público no quiere saber de razones. Ha ido a divertirse, para eso ha pagao caro y no tolera la menor vacilación ante el toro, como si la vida nuestra no valiese na... Es muy dura, muy dura, esta profesión, porque no hay que olvidar la rabia de nosotros, los artistas, cuando nos vemos insultados por una muchedumbre de cobardes que no tiene respeto por el hombre que se está jugando la vida. Nuestras horas de la temporada son una permanente tortura, siempre con una interrogación en el cerebro: «Dios mío, ¿cómo quedaré en esta corrida? ¿Me matará un toro esta tarde? ¿No volveré a ver más a mi madre?». Sin poder disfrutar de nada porque todo nos está prohibido. Yo he cumplido, precisamente hoy, treinta años y puede decirse que de la vida no conozco nada, pero lo que se dice nada. Cuando me retire empezaré a saborearla sin estas malas preocupaciones que le crea a uno el oficio: «¡Manolo, no bebas! ¡Manolo, no trasnoches! ¡Manolo, no fumes demasiado! ¡No comas que tienes que torear! ¡No hables tanto con esa mujer porque te hace daño y te cambia las ideas de tu profesión! ¡Esa gachí con la que estás te trae mala pata!» En fin, don José María, lo que se dice un suplicio.

No cuenta al periodista, a quien miraba en ese instante de perfil, con la inmensa cicatriz de espejo en la cara —siempre de perfil, aunque mirara de frente— no cuenta, pero se nota, que está hablando para que, sobre todo, se lo lean a su madre, doña Angustias, en Córdoba. Lo dice abriendo el corazón de par en par, verdadero. No había entonces magnetofón, de ahí que don José María escribiera a mano, celosamente, cuidadamente, en su bloc de notas, lo que después trasladaría a la vieja Hispano, confidente y sabia. Pero lo que sí se ve es que hay, en la confesión del torero, algo de la sabiduría senequista del cordobés auténtico, incluso de aquella que tenía, dicen, el 'Guerra', cuando comentaba con frases cortas hechos largos. A Manolete, sin embargo, el 'Guerra' no le gustaba nada; incluso la leyenda cuenta que le conoció el primer día que quiso becerrear, en el campo, como maletilla. Habría que verlo en torno a un perol de campaña —y de campiña al mismo tiempo.

Además, hay muy pocos documentos sonoros de Manuel Rodríguez Sánchez; si acaso, si acaso, aquel día en que cantó —mal, aunque a veces le gustara cantar— con un mariachi de México, lejano y único, donde, por cierto, jamás perdió su derechura de cuerpo y de alma. Que ya lo cierra en la entrevista, después de estas observaciones laterales mías, el propio Arruza —del que vi su cadáver poco después de morir por el toro de la carretera en el camino de México a Toluca. Le lloró México entero y se volvió a recordar a Manolete, uno de sus grandes amigos. Carlos Arruza, alto, elegante, amigo y compañero de verdad de Manolete, comenta al 'Caballero Audaz', en esa habitación cincuenta del hospital de la Milagrosa, después de la cornada de Madrid:

—¿Ves tú, don José María, lo que te dije yo? Hacemos vida de anacoretas, de monjes de allá de los montes. En

México, Manolo y yo nos pasábamos todo el día metidos en el cine.

—En efecto —contestó Manolete—, yo de películas estoy bien puesto.

«MANOLETE, MANOLETE, SI NO SABES TOREAR PA QUÉ TE METES»

Yo no tuve la suerte, la inmensa suerte, de entrevistar a Manolete, porque cuando lo de agosto del cuarenta y siete servidor iba a cumplir los catorce años. Había toreado en Granada el torero y, si acaso, lo que los niños recordábamos, o no tan niños, era aquello de la caricatura del pasodoble del 'Monstruo': «Manolete, Manolete, si no sabes torear pa' que te metes». Que al fin y al cabo no éramos más que una copia de los que sin cantar, o cantándole, tenían la cobardía de decírselo, a veces, en la plaza. Y además, si acaso, fue mi padre, sobre todo mi padre, que tenía que hacer el callejón como policía armada, de servicio y con barbuquejo, como ya he dicho más de una vez, el que nos traía a casa, al volver de las corridas de toros del Corpus, el relato:

—Es un torerazo. Lo he tenido a un paso de mí. Es un tipo serio y católico. Se santigua antes de hacer el paseíllo y, además, es un señor. Lo que ocurre es que me he pasado media corrida con la cabeza vuelta al tendido porque hay, no sé por qué, mucha gente que se mete con él. No se lo merece.

Así que, de entre todas las entrevistas que he leído, cientos, de las informaciones personales que he recibido boca a boca de docenas de personas que estuvieron cerca de él, en la plaza y en la calle, en su vida y en su muerte, ésta larguísima del 'Caballero Audaz' tiene para mí la intención total de la verdad del documento auténtico. Y se sabe que le gustó, y mucho, al torero, que además, según oídas, le brindó un toro después de la publicación de la larga conversación que hoy exhumamos aquí, en esta hora de la verdad de Manuel Rodríguez, como si lo hubiéramos encontrado entre sus restos mortales. Es posible, insisto, que Manuel no hablara así, como dice la entrevista, porque todos los grandes entrevistadores, Oriana Fallaci, por ejemplo, tienen la inmensa personalidad de hacer que parezca que todos sus entrevistados hablan igual, lo mismo Golda Meir que Truman Capote. Pero aún así, el tuétano de esta larga 'interview', como se decía antes, brevemente analizado —haciendo un quite literario de cuando en cuando, como quien también ha entrevistado mucho, tal vez más de la cuenta— tiene el valor inmenso de hacernos creer que lo tuviéramos en frente, cara a cara, boca a boca. Y además, en esta larga conversación que casi ha cumplido los cien años, el torero responde a muchas preguntas en directo y hace, incluso, confesiones que no había hecho jamás hasta entonces y que tienen el extraordinario valor de la pieza definitiva. Como cuando el 'Caballero Audaz' le pregunta por el futuro.

¿Y qué vida harás cuando te retires del toreo?

—Pues no sé —exclamó dubitativo—. Desde luego lo que puedo asegurarte es que no me dedicaré a la política ni intervendré para nada en el asunto taurino, como hace algún que otro torero retirado.

Cuenta Carretero que hubo un murmullo en la habitación, porque seguramente aludía a Marcial Lalanda. Marcial —aquél del pasodoble «Tú eres el más grande»— era uno de esos toreros que fueron buenos de luces y que luego, en la política de lo diario, merecieron el título de discutidos. No se llevaban bien. Ni bien ni mal o, mejor dicho, se llevaba mal con él, el torero de Córdoba, por temas relacionados con los toreros españoles en México. Pero también hay que señalar que, a lo mejor, hubo murmullo porque en la habitación, entrando y saliendo aquel día de la Milagrosa, habitación cincuenta, estaba José Flores Camará, apoderado del torero, discutido e indiscutible, que no tuvo suerte en el toro. De Córdoba, del barrio taurinísimo de Santa Marina, por más señas, llevaba entonces los negocios taurinos y también los personales —era su administrador de toros y hacienda— de Manuel Rodríguez Sánchez. Insiste Carretero: «El torero había callado un instante, temiendo sin duda ir más lejos, y después, como convenciéndose a sí mismo, como trazándose un plan para proseguir, continuó»:

—Seguramente viviré en nuestra Córdoba y me dedicaré a los negocios y al campo. A mí me gusta mucho montar a caballo y hacer vida de labor, pero también pasaré grandes temporadas en Madrid, que en realidad es el sitio que más me gusta de España... ¡Cualquiera sabe!

Y respondiendo a las preguntas de su entrevistador, el torero, tendido, fue contando paso a paso su vida aún no escrita, pero que ya andaba por ruedos y veredas en coplas, romances y leyendas.

—Hace diecinueve años que me puse delante de un becerro, cuando solo tenía, ajuste usted cuentas, once. Yo tenía, si usted me pregunta, afición y necesidad al mismo tiempo. Las dos cosas juntas o, si tuviera que precisar, más de lo segundo que de lo primero. La gente habla muchas veces sin ton ni son de las cosas.

Habla el torero, con lo cual su vida está contada por él mismo, el día de su cumpleaños y herido por asta de toro. Tiene la virtud, única, de ser verdad y, casi, casi, la de testamento. La muerte estaba sentada a la vera de la cama, escribí yo algún día con motivo de un aniversario pasado, pero nadie la veía. Luis Miguel Dominguín me había dicho, en un aparte en su finca de la Virgen, mientras cazábamos los otros grandes cuernos de doce puntas para su sala de trofeos:

—Te diré que era un torero que llevaba la muerte en la cara. Era la muerte vestida de luces, Tico.

Sin embargo en ese día, rodeado de leales, los cabales —alguno habría que no— de su cuadrilla, Lupe al fondo sin decir ni pío, había algo de premonición. El torero legendario contaba su vida de viva voz y, de vez en cuando, pedía un pitillo rubio, que siempre se lo daban encendido. Nunca la novia, siempre el mozo de espadas a la cabecera, como cuando el toro lo mató en Linares.

—La gente, don José María, habla por hablar, sin ton ni son, a veces sin saber nada de nada. Yo no he sido albañil ni he puesto un ladrillo en toda mi vida. Yo me eduqué en los Salesianos de Córdoba. Cuando hice el primer año del grado mi madre estaba en la ruina total y tuvieron que sacarme del colegio. Hasta entonces, en mi casa, se había vivido muy bien, pero se acabó el dinero y empezaron las contrariedades y los apuros, y no exagero si te digo que el hambre. Así que yo me encontré en la calle, muy pequeño de años y muy enclenque de figura y, encima, rodeado de una casta de toreros, de primos y parientes que todos eran o querían ser toreros. Aquél ambiente influyó mucho en mi espíritu y, sobre todo, en el deseo de coger el camino más corto para aplacar las necesidades de mi casa y ver a mi familia salir adelante.

«En ese momento su voz se hizo un poco más ronca, con matices graves y emocionados que le iban muy bien» —anota el periodista— «a su rostro sereno, con algo de triste misterio en la mirada. Terminó la respuesta a medio tono, con un acento opaco y caliente de intimidad». Y anoto yo: como cuando un grande se siente solo en mitad de la multitud.

—Además de todo eso, poco a poco me convencí, en silencio, sin decírselo a nadie, que el toreo era mi destino y mi vocación irresistible, a la que con arte verdadero tenía que consagrar mi vida... Me preguntas por el primer dinero que gané, ¿no? Pues mira, da la casualidad que el primer dinero que yo gané con los toros fue en tu pueblo, en Montilla, y esto te lo voy a contar, porque tiene su historia. De ahí arranca todo.

Lo sigo copiando textualmente, descaradamente, porque tiene el doble valor de quien lo cuenta y de quien reproduce lo que se cuenta. De la propia palabra de Manolete su inicio en el mundo del toro. Dónde y cómo se desvirga como torero es algo que no tiene desperdicio y, aún más, contado en primera persona.

—Acababa yo de salir de los Salesianos. Ya te he dicho que me reunía con chavales y aficionados como yo. Una mañana estábamos sentados allí, en el campo de la Merced de Córdoba, varios maletillas hambrientos de toros y de comida. De pronto vino uno y dio la noticia que estábamos esperando, siempre: «Esta tarde hay un jerraero en el Lobatón. ¿Queréis que vayamos pa'llá?» Y yo, que era el más chiquitín de todos, que parecía un lagarto en pie, me puse en marcha con ellos y, ¡ala!, anda que te anda. «¿Dónde está el Lobatón?», preguntó mi primo. «Hombre, ahí al lao». «Pues vamos pa'llá». De vez en cuando le preguntábamos al que nos había embarcao:

—Pero oye, nene, ¿dónde esta el Lobatón ese? A ver si es que nos llevas a Madrid andando.

Y él, siempre impertérrito, nos contestaba.

—Detrás de ese cerro.

Subíamos el cerro —sigue contando Manolete—, lo bajábamos y... ¡nada! Así anduvimos once kilómetros, hambrientos y extenuados. Llegamos al cortijo en el preciso momento en que los gañanes, delante de un gran perol, se disponían a comer un cocido, con cada garbanzo como una avellana y con cada trozo de tocino y chorizo que uno se desmayaba de verlo. ¡Pero cualquiera les pedía a los gañanes un pedazo de tocino! Al vernos llegar, nos preguntaron:

— A ver, ¿qué queréis ustedes aquí?

—Pues mire usted, que nos habían dicho que esta tarde había jerraero y veníamos a ver si nos dejaban torear alguna becerrilla.

—Pero si vosotros no vais a ninguna parte. ¡So peste, que sois una peste!

Y variando el tono de voz —sigue Manolete— al mirarme a mí, exclamó con tremenda intención de burla.

—¿Y éste también viene a torear?

Y me señaló con el dedo, seguramente por lo pequeño, lo raro y lo insignificante que era. En esto llegó el dueño del cortijo, que era don Ricardo López y, más por lástima que por otra cosa, mandó que nos echaran unas becerras. Allí hubieras tú visto a los chavales pelearse por la muletilla. Ellos torearon varias novillas y yo, como era el más pequeño y el más tímido, no me atrevía a intervenir para nada. Pero en esto echan una que no había quién la arrancara. Probaron todos y... ¡Nada! Entonces don Ricardo López se dirigió a mí y me dijo:

—Oye, nene, ¿quieres tú también probar, a ver si a ti te quieren embestir?

—¡Sí, señor! —le respondí yo, loco de contento.

Entonces don Ricardo, dirigiéndose a los otros, les ordenó.

—Entregad la muleta a este chavea.

Cuando la cogí me fui a la becerra, poco a poco, acortando terreno hasta que conseguí que se arrancase y le di unos pases monumentales. Algo debió ver en mí don Ricardo López, porque me trajo en su automóvil hasta Córdoba y en el camino me propuso amablemente:

—¿Quieres venir mañana a Montilla? Te llevo y, si quieres, toreamos unos becerros muy bonitos.

Yo acepté encantado y al día siguiente me fui con él, a tu pueblo, Carretero, a Montilla. Salió mi novillo y se lo brindé. Yo quedé muy bien y me regaló cinco duros, que recuerdo que me los gasté en alfajores en una pastelería que hay en la calle Corredera.

—Sí, hombre —le recordó el periodista—, aquellos estaban muy ricos, los alfajores de mi pueblo, de Aguilar Hermanos.

—¡Eran canela! —respondió el torero relamiéndose.

A Manolete le encantaba el dulce —esto es de mi cosecha— y, sobre todo, a su madre, doña Angustias, porque aquellos alfajores que compró en Montilla para quien eran, en realidad, era para su madre. La tradición mantiene que en una pastelería de la antigua carretera que iba de Madrid a Córdoba, a la altura del pueblo de Guarromán —de nombre no comprendido, porque en realidad responde a la definición árabe de «wad el roman», río de las rosas—, el torero paraba su coche, o lo mandaba parar, para comprar unos pasteles de hojaldre que su madre degustaba con fruición. Todavía hoy se venden como una exclusiva, aunque multiplicada, porque se piden por docenas en cajas cada día más sofisticadas. El producto, sin embargo, continúa inalterado, si bien más pequeño. Se pide:

—Una docena de manoletes, por favor.

El torero, lacerado, con la cicatriz rosa al aire —otro tatuaje en la carne—, continúa contándole al periodista, rodeado de la admiración de los suyos, tal vez escuchándose, aunque el reportero histórico mejorara el relato, como no era cierto que su padre le enseñó a torear, como se decía, porque murió cuando Manuel tenía seis años.

—A mí la verdad es que nadie me enseñó a torear. Yo lo veía en casa, todos toreaban, pero en el fondo fue el destino...

El destino, siempre el destino. Lupe Sino fue para él, jugando a las palabras, Lupe destino; Lupe Sino fue su sino. Su padre fue el primer torero que toreó con gafas —no veía casi nada— del que se tiene noticia. Su abuelo, 'Pepete', murió en la plaza de una cornada que le dio un Miura. Atención, pues, al destino. Manolete recordaba el nombre del toro.

—Se llamaba Jocumizo, y mi abuelo era más valiente en la plaza que un perro... Por cierto, que el pobre, cuando llegó a la enfermería, ya estaba muerto.

Hay en este documento, que nunca me cansaré de anotar, de reseñar, de admirar, alguna premonición tremenda. Más les diré yo: esta entrevista está hecha antes de la cornada de Linares, así que tiene una inmensa dimensión la pregunta del periodista. «Entonces yo, para suscitar su reacción, le dije»:

—Pensando en esto, los Miura no te harán mucha gracia, ¿verdad?

«Las pupilas castañas y ahuevadas del torero se fijaron ardientemente en mí. Parsimoniosamente encendió un Philip Morris que le dio Arruza. Después, con una gravedad melancólica y con un acento un poco fanfarrón y terminante, exclamó»:

—A mí me da lo mismo torear un Miura que ganado de Salamanca, ¿sabes? La cuestión es que el toro sea bravo y, si no lo es, yo hago lo que puedo, sin pensar, pero jamás rehúyo el bulto. Está por la primera vez que yo haya hecho el ademán feo de demostrarle al público que un toro me da gindama y que desisto de dominarlo, acudiendo a ratimagos, cuando llega la hora de matar. Por muy malo que sea un bicho yo trato de sacar partido de él y jamás pienso que pueda cogerme. Y si la muerte me llega nunca me cogerá en ese momento feo de la cobardía, sino con el gesto rabioso del luchador. Tú has escrito hace poco, y yo lo he leído, que Sánchez Mejías, que en paz descanse, había dicho: «El ideal de un torero es morir de una cornada en el corazón, instantáneamente, cuando está toreando a gusto». Bueno, pues yo también siento esa aspiración, que si ha de venir la muerte, que sea en una tarde de éxito.

Reúno estas palabras de Manolete que expresan toda la responsabilidad de quien, aunque no conoce su destino, sabe como desearía que fuera. Palabras con una impresionante carga dramática que convierten esta entrevista, que tan largamente voy despiezando como quien desmonta un reloj riquísimo, en un relato que pone la carne de gallina, en una revelación de escalofrío. Carretero asegura que Camará, que estaba allí, intervino con voz grave y autoritaria en el diálogo. Casi una pieza teatral, una tragedia griega.

—Vamos, Manuel, no digas tonterías, hombre. ¿Para qué hablar de esas cosas?

Dos medallas colgaban del cuello de jirafa del torero. Un San Rafael, en plata, y una Virgen de los Dolores, en oro. En el cuarto, por si fueran pocos, dos más que acaban de llegar, el 'Boni', y el camisero del torero, Angelito, de la camisería Viráis, donde el torero se encargaba la ropa de torear. Manolete era muy exigente con esas cosas, con los trajes de la arena y con los de calle.

Hay una anécdota que dice mucho de lo que significaba el torero en la vida del país. Se la trajo a la entrevista su camisero cuando le preguntó si sabía que su madre, doña Angustias, había hecho subir el precio de la leche. Carretero está inmenso, atento a lo pequeño que hace lo grande y a lo grande que hace lo pequeño, a cuándo la anécdota se convierte en historia.

—El primer día que llegó tu madre a donde tú la tienes para pasar el verano, a San Sebastián, le sirvieron, nada más llegar, unos litros de leche aguada. Entonces ella, doña Angustias, se plantó con las manos en jarras y le dijo al lechero:

—A ver por qué me trae usted esta leche que me trae. Yo la quiero pura y sin una sola gota de agua.

El vaquero vasco le respondió, con la cabeza levantada, aún sabiendo que era la madre de Manolete, que una cosa son los toros y otra son las vacas:

—Señora, no querrá usted que le traiga, por tres pesetas el litro, la mejor, que es pura y vale seis.

Doña Angustias, que era de armas tomar y sabía que su hijo toreaba y aguantaba la mala leche de los demás para que su madre bebiera la mejor leche de vaca del mundo, le ordenó:

—Pues me la trae usted de seis como si es de veinte... Yo quiero leche pura, pura. La mejor que haya.

Y ese día subió la leche en San Sebastián, donde sólo veraneaban los grandes, los más ricos de España.

A seis pesetas el litro. El torero, cuando escuchó la historia, sonrió alegremente.

—Es que mi madre es muy buena, pero tiene mucha personalidad.

Cierto. Sí la tenía.

«ME SIENTO HARTO Y CANSADO. A VER CUÁNDO ACABA ESTE CALVARIO DE UNA VEZ»

La verdad es que cada vez que avanzo en esta larga entrevista me siento más avergonzado. Me gustaría terminar y seguir adelante, pero con lo que yo viví y bebí de la sangre de los demás. Me parece imperdonable, pero necesario —ustedes, mis lectores de hoy y de ayer, se lo merecen— porque éste es uno de los mejores documentos de la vida de Manolete, de la muerte de Manolete también. Por eso continuamos aquí, exprimiendo el limón —por supuesto cordobés, cordobés a dos bandas—, de esta larguísima conversación que, por sí sola, merecería, es, un libro.

En ella el torero dice que se siente fatigado, harto, que quiere terminar cuanto antes, «que la verdad es que ya disfruta pocas veces toreando». Madrid y Sevilla son las dos ciudades en las que más a gusto se siente en el ruedo, porque es donde más saben, pero que está harto de que haya señoritos que se meten a empresarios del toro sin saber lo que hacen, sencillamente porque es un negocio, como el estraperlo. Que no torea más en Madrid, porque la empresa madrileña sólo quiere toreros a los que se les pague diez reales, y sentencia:

—Le digo que no volveré a torear de nuevo en Madrid hasta que no cambien de empresa.

Y lo cierto es que no volvió a torear, aunque quien cambió de empresa fue la muerte.

Al hacer su propia definición de quién es, el torero se retrata, solemne: «Soy un hombre de buena voluntad y con ella voy a todas partes. Eso sí, si Dios quiere. La gente dice, como usted me pregunta, si es verdad que soy soberbio. ¡Ea, pues lo soy! Lleva razón la gente que lo dice. Soy muy soberbio y, para mí mismo, soy más soberbio que con nadie».

La entrevista está llena de signos de admiración. El periodista recoge así los momentos en los que el torero levanta la voz, se crece, se cabrea.

—Manuel, tú sabes que se comenta mucho tu seriedad en la plaza —y le agregué de broma—. Tienes majestad de califa y desprecios de sultán.

Rió mi comparación como un chico satisfecho para después, en tono solemne, comentar:

—Hombre, yo en la plaza soy como hay que ser, por lo menos como yo lo siento —iba poco a poco poniéndose más serio—. El toreo no es una cosa de risa, es un deporte trágico y, en mi modesta manera de ver, hay que darle la dignidad y el respeto que merece. No hay que buscar los aplausos repartiendo sonrisas a un lado y a otro, como si fuera una cupletista. Además —terminó burlón—, no es cosa que al salir al ruedo empiece uno a saludar a los amigos enviándoles apretones de manos, «hola fulano, ¿cómo estás? ¡Cuánto tiempo sin vernos! ¡Saluda a menganito! Dichosos los ojos que te ven, ¡has venido por Madrid! ¿Tu mujer está bien? ¿Dio a luz ya?».

Hagamos un aparte. Dicen que era un torero serio, pero no un hombre triste. Es verdad, muchas de las personas con las que hablé a lo largo de más de veinticinco años, tal vez más, para escribir este libro, coinciden en aceptar que «a Manolete le gustaba más un chiste que a un tonto una tiza», según un asiduo de ese templo de la verdad manoletista que es la taberna de «Lagartijo», en Linares —sitio entre los sitios, único en el mundo. También decían que poseía un gran sentido del humor; eso sí, «a la cordobesa» y que, además, le gustaba mucho que le rieran las gracias: tenía un punto de actor. Por eso acompañaba, a veces, lo que iba contando con un gesto teatrero. Córdoba es tierra, a todos los niveles, de grandes, desconocidos actores. De ahí su multiplicidad de compañías de barrio, de escenarios en patios, de actores de calidad en la esquina de la taberna y en el patio de vecindad, donde se presente.

Ese día, con el 'Caballero Audaz', así fue. Se acompañó de teatro y «todos los presentes, que cada vez eran más, se reían», pero el torero, muy serio de nuevo, continuó:

—Yo entiendo que no es esto lo que hay que hacer, sino darle a la fiesta el sentimiento romántico, dramático y artístico, que requiere. Uno puede estar en la plaza a las seis de la tarde, y a las seis y un minuto en la presencia misma de Dios. Y no creo que la cosa sea para tomarla a risa. En cuanto a cuál es el momento, como usted me pregunta, de más emoción en la corrida, le diría que para mí, y para todos, ése en el que sale el toro que tenemos que lidiar y que puede ser nuestro asesino. Entonces hay algo en nuestras entrañas que nos grita, ¡ya estás ahí!, y ese estás ahí es el momento, sin duda, más emocionante.

De nuevo la filosofía dramática, trágica, del torero. Verdadera. Y esto último es lo mejor, su autenticidad.

—¿Que si tengo miedo ahí abajo, dice usted? ¡Horroroso! ¡A montones! Porque si no lo llevara no sería un mortal ni tendría instinto de conservación. Para dominarlo es para lo que se necesita echar mano de la voluntad. El toro es menos peligroso mientras más tranquilo se está delante de él.

Me parece una entrevista esclarecedora en todos los sentidos. El torero responde, insisto, herido, a lo horizontal y no a lo vertical, a todas y cada una de las preguntas decisivas que se deben hacer a un torero como él: el miedo, la gente, la vida... A las que a lo mejor yo, de joven, le hubiera hecho, como se las hice en su momento —sólo para ser publicadas y porque uno no vive para otra cosa que para contar— a Luis Miguel Dominguín, al 'Cordobés', a Marcial, a Domingo Ortega, a don Antonio Bienvenida... También a mi compadre Curro Romero, que me respondió a lo del miedo, más o menos, aunque de otra forma distinta a la del 'Monstruo'.

—Compadre, el miedo es libre y yo, en la plaza, tengo más miedo que, por ejemplo, un taxista. Lo que pasa es que ahí es donde está el torero, en su forma, en su manera de disimularlo frente al toro.

O sea, el 'Caballero Audaz' va preguntando, diez años antes, sólo diez, a lo que yo habría hecho, más o menos de la misma forma y manera, en la misma situación, el mismo sitio, la misma hora, el mismo protagonista... Porque a mí se me fue Manolete, en persona, por unos años, pero no se me fueron aquellos que le rodearon en vida y que, tal vez, me hayan respondido a más preguntas de las que él mismo me habría regalado, ahora que voy repasando el mejor documento, boca a boca, del torero en vivo.

—Las veinticuatro horas antes de la corrida que me preguntas no me siento inquieto —responde sencillamente y sin jactancia—. Claro que, siempre no se encuentra uno del mismo modo, pero el mío no varía por la influencia de la corrida. Lo que pasa es que unos días tiene uno ganas de hablar y otros no.

Cierto. De su cuadrilla, sus leales me contaron más de una vez que había días, horas sobre todo, en que Manuel no abría la boca. No decía ni pío. Escuchaba. Decía que lo hacía para aprender o que no tenía gana. Cuando viajaba —incluso de muchacho, de aprendiz de novillero en el coche de cuadrillas, con el botijo—, el torero se pasaba horas mirando por la ventanilla, o delante, junto al chófer. A veces se hacía el dormido, pero como los piratas, con un ojo abierto, escuchando.

—Maestro, ¿le pasa algo?

—Que va. Os voy oyendo, aprendiendo. Además, pa' lo que hay que hablar...

La filosofía del senado romano y también la del Campo de la Merced; la misma pareciendo distinta. Y además, lo que a él le gustaba hacer, soñar, soñar, soñar, pensar para el día de mañana... Al escritor le dice: «Es que tú preguntas bien y me siento como si estuviera no sólo ante un paisano, sino ante un maestro al que admiro y también ante un confesor. Pregunta lo que quieras, aprovecha lo que te de la gana y de lo de aquí, entre nosotros se queda».

Aunque hay cosas que parece imposible que dijera Manolete —porque tienen el contenido, el son literario del estilo del periodista—, en el tuétano, insisto, está el pensamiento del torero y lo he recogido de más de uno de los que estaban presentes en la cincuenta del sanatorio, en la convalecencia de la cornada de Madrid.

A la hora de hablar de la crítica, cuando José María Carretero, el 'Caballero Audaz', le pregunta por lo que piensa, bueno es saber que, aunque el torero tenía muy buenos amigos críticos, algunos le negaban el pan y la sal, si bien ni uno sólo le ninguneaba. Todos sabían que, de cerca, ninguno como él en el terreno de lo imposible. José Tomás, a su lado, y con perdón, hoy un iniciático, era un aprendiz. Él mismo lo dice.

Por eso es bueno que escuchemos lo que, según el cronista montillano, responde *de pe a pa* el hombre tendido que fuma un cigarrillo detrás de otro —entre otras razones porque su médico no está a su vera, «que si no...» Que no hay que olvidar que, aunque el torero se encontraba del pulmón más o menos bien, no hizo la mili por estrecho de pecho y de siempre, además, se dijo que estaba tuberculoso. Tampoco olvidar, en la barbaridad inmensa de la posguerra, a los cabrones que escribieron que toreaba y mataba a los rojos que tenían presos en la cárcel de Córdoba, después de hacerles la faena, sencillamente para beber su sangre en el fondo de un casco de guerra, porque entonces se decía que era lo mejor para curarse la tisis galopante que le habitaba. Parece una mentira inmensa, una barbaridad, pero se dijo, se comentó, está escrito en papeles posteriores al concilio azul. Ilustres plumas, o plumas como dagas, lo han escrito y lo han multiplicado, lo han puesto en solfa y le han dado crédito y sitio, y lo escrito, escrito queda.

Se lo pregunté en más de una ocasión, dos, tres veces, al 'Pipo', que estaba cerca siempre de Manuel, al lado —a veces, insisto, dentro, a pie de cama en la espesura ardiente de la hora antes—, y el 'Pipo' se reía de buena gana y luego se ponía muy serio y blasfemaba.

—Eso es un crimen, Tico, una mentira repugnante. A Manolete le tocó hacer la mili en el Muriano, en artillería, pero no tenía ni sitio todavía. Era un hombre bueno. Se hicieron muchas barbaridades en la guerra, pero esa... Te lo juro que es una calumnia —y juntaba los dos dedos de la mano y me hacía una señal de la cruz de caballero templario, inmensa, que sellaba con un sonoro beso de los de antes de la guerra, como un disparo de fe, de solemnidad.

—José María —referente a la crítica—, como no es un secreto se puede decir que, desgraciadamente, la crítica en España, salvo raras excepciones, suele ser lo que uno quiere que sea. Conmigo se ha portado bien y se ha portado mal. De todas formas, mejor es que no hablemos de eso. ¡Da pena y asco!

Responde también a la pregunta sobre las cornadas que le firman el cuerpo.

—Todos me dicen, «no, hombre, eso no es. Que te ha partío la cara: eso se arregla con ocho días. Que te ha roto la clavícula: cuestión de una semana. Que te ha dejao cojo: sí, peor, pero por poco tiempo». Y el caso es que, a pesar de estos optimismos de los que nos rodean, tengo el cuerpo lleno de cicatrices, como tú ves. Aquí ésta, aquí ésta, aquí ésta...

Ninguno lo ha hecho tan abiertamente, a lo largo de toda una vida, como el torero Ortega Cano, una a una —que cada una es un tatuaje de sangre, una condecoración del combate—, con orgullo siempre. Como aquel día que, ahora lo cuento por vez primera, en la que después de que el torero Curro Romero fuera elegido académico, Excelentísimo Señor, en aquel restaurante del otro lado del Guadalquivir —siento un no sé qué de estar contando lo que dice otro, lo que otro escribe, sin contar nada de mi cosecha—, en la que al postre, en presencia de Curro y su esposa —Curro ya Excelentísimo Señor—, José Manuel Lara, el editor, y su esposa, Rafael, el rejoneador, y la suya, y servidor, de repente allí, Ortega se levantó la camisa. No quiero pensar que lo hiciera para que yo lo pudiera contar hoy —yo, que fui su cronista de traje de luces y traje de cruces— y decía, rodeado de un frío silencio, levantándose la camisa y mostrando las cornadas del pecho, desde la garganta hasta el ombligo, «¿y esto qué?, ¿y esto qué?, como diciendo «excelencia para el arte y la excelencia que el valor merece». No quiero pensar que lo hiciera por eso aunque, a meses de distancia y aunque hemos tenido más de un largo momento a solas, no he querido preguntárselo todavía.

Manolete, ahora.

—Aquí la de México —cuando aún no se decía, insisto, México con equis—, que pudo ser mortal. Aquí una de las dos, con ésta de ahora, de la plaza de Madrid. En fin, hasta ahora catorce recosidos, yo diría que graves todas o, al menos, apuntando a graves. Pero eso sí, con suerte, con mucha suerte. Las dos peores fueron una que tuve en Madrid y ésta de México que, al darle al toro un lance, me enganchó por aquí y me llegó el cuerno hasta la femoral —y al mismo tiempo que esto decía señalaba con el dedo la trayectoria de una honda cicatriz, en la parte interna del muslo derecho.

En cuanto a las dos peores tardes, el cordobés reclama tal honor deshonor para aquella tarde de México y aquella otra de Soria. Cuando se le pregunta por el dinero ganado hasta la fecha, que es de las más difíciles preguntas que se le pueden hacer a un torero, Manuel responde serio:

—Llevo ganado mucho dinero, sí señor, pero bastante menos de lo que la gente cree y, desde luego, bastante más de lo que yo soñé tener en mi vida...

No quiso, por una sola vez en la larga entrevista, responder a «lo que más había ganado en una corrida». Eso sí, se echó al monte riendo de buena gana.

—Por Dios, José María, que estamos viviendo unos tiempos en los que no se puede hablar del dinero que gana uno porque, en seguida, se echan encima para quitárnoslo.

Comenta el entrevistador que el camisero se acercó a su oído para descubrirle algo, o parte, de lo que era una verdad que todo el mundo sabía.

—Puedes poner que cuatrocientas veinticinco mil en la última tarde de Barcelona.

Pero no fue el torero quién descubrió la verdad. Sí respondió, sin embargo, a sus aficiones.

—Me gusta el campo, montar a caballo y, sobre todo, sobre todo, el cante y el baile flamenco. Eso me vuelve loco. Pero no en el teatro ni entre el público, sino en la pequeña reunión de amigos. A mí una granaína bien cantá o un fandango bien bailao me gusta más que el mejor pase natural del mundo.

Oído a la confesión, que aquí hay un Manolete más o menos poco conocido: el artista al que le gustaba, porque lo sentía, la verdad de las cuatro paredes del cuarto. Había una taberna, en Castro, a la que me llevaba Manolo Salcines en ocasiones, que cuando te sentabas a tomar de la última madre del vino, llegada a las tinajas centenarias, a las botas de madera antigua, si es que pedías algo de tapa te respondían con enorme seriedad, manejando los cristales de las copas:

—Aquí venía Manolete a beber vino bueno y a escuchar cante mejor. Pero aquí no se viene a comer sino a beber, y ni a hablar siquiera. Se viene a escuchar, que es lo difícil.

Manolete conocía las verdades del flamenco, lo llevaba en la masa de la sangre, estaba en el tuétano de sus huesos.

—Si se hubiera puesto un mosaico en todos los lugares en los que Manolete escuchó flamenco, con los cabales del mundo entero, no habría azulejos en los cuarto de baño de las casas de España entera...

El pañuelo de seda anudado al cuello, la camisa abierta, la guayabera, el torero escuchaba, aprendía, amaba la madrugada. Aunque luego, si era en Córdoba —por eso le gustaba tanto Madrid que permitía las distancias—, al volver a casa, amaneciendo, doña Angustias le esperaba con un ojo abierto y otro cerrado, como las perdices. El torero, después de bañarse para arrancarse del cuerpo los malos humos, los aromas de las altas copas de coñac, los perfumes más o menos baratos de mujer, confesaba a media voz, porque siempre mentía:

—Madre, es que ha terminao mu tarde, ya sabes, la partía de cartas con estos señores de Córdoba, que como no tienen nada que hacer mañana...

Y ahí estaba, en esa confesión espontánea, el sueño deseado de Manuel Rodríguez, ese sueño que ya creía estar tocando con las manos y aparece, en la escena de esta larguísima entrevista, tan reveladora, otra de las pasiones del cordobés excepcional: el tema de la mujer. El periodista no ha contado —tampoco hacía falta, quizás sí— lo que hacía aquella mujer en una esquina de la habitación llena, si sonreír, si suspirar, si decir algo, si significar que era más que una sombra luminosa en la esquina del drama humano. «Y entonces fui y le dije, mirando a la damita bella que asistía a nuestra conversación»:

—¿Sabes que por ahí se dice con mucha insistencia que te has casado?

No quiero quitar ni poner ni un punto ni una coma. Lo que sigue es clave en nuestro relato, continúa siendo revelador, quizás ahora más que nunca. «Sonrió malicioso, dirigió una mirada de inteligencia a varios de los amigos que estaban allí, alrededor de su cama —no se refiere a Camará, que habría sido muy importante dada la enemistad manifiesta que el apoderado mantenía con el amor del torero— por último con la aludida y después exclamó»:

—¡Del dicho al hecho hay mucho trecho! Puedes asegurar que sigo soltero.

—Pero tú no puedes negarme que, como buen cordobés, te gustan mucho las mujeres.

—¡Uff! —y volviendo a mirar, zalamero, a la que asistía a nuestra entrevista, continuó—. Ellas tienen la culpa de que me retire.

Cauto —esto es mío—, cauto siempre, cordobés total, no dice ella, sino ellas, porque sabe, insisto, que a su madre le leen cada día —porque se está quedando ciega— la entrevista de su gran amigo, el 'Caballero Audaz', que insiste, ahonda, parece un paparazzi de este tiempo nuestro.

—¿Tal vez esta señorita?

—No, todas las que coinciden en simpatía conmigo. Yo quiero disfrutar de la mujer en plena juventud. El amor es lo único importante que hay en la vida.

—Y qué tipo de mujer te gusta más, Manuel, ¿morena, rubia, delgada, gruesa?

—A la vista está que mi tipo de mujer es ésta, delgada, morena, y un poquito flamenca... —y riendo, agrega, con un gesto de infantil cinismo—. Ahora bien, si se cruza en mi camino una rubia bonita, aunque no sea mi tipo, no la dejo escapar.

«NO TENGO A NADIE QUE ME ESTORBE»

Sigue hablando el torero, en profundidad. Eso sí, de cara a la galería, en alta voz. No diría yo que como quien se confiesa, más bien como quien quiere que se sepa, de una vez por todas, lo que siente, lo que es, cómo está. Podría ser, como alguien ha apuntado, una especie de pretestamento. De ahí que en esta conversación, en voz alta, con público, como quien pronuncia un largo monólogo en un teatro, Manuel Rodríguez Sánchez, la leyenda, especifica las siguientes verdades como una seña de identidad de su vida, de una vez por todas: Que no presiente las cogidas. Que a veces, cuando se está más tranquilo, te engancha el toro. Que sí sabe, en cambio, o presiente, si la tarde que va a torear, haciendo el paseíllo, va a ser buena o mala, incluso después de saber como es lo que le ha correspondido. De hecho, los toreros son generalmente engañados por sus más cercanos que siempre les dicen que les ha tocado el mejor lote. Que los toros son y hacen la cuna, siempre, siempre, con los cuernos en paréntesis, nunca abiertos. La ley del toro en el cuarto, antes de la corrida, ayer, hoy y tal vez mañana.

Cuenta también el torero que le gusta más la muleta que el capote, que con ella en la izquierda se siente más fuerte, más dominador y más seguro. Que torea con quien le corresponda hacerlo, que no es verdad que él elija a sus compañeros de corrida pero que, de hacerlo, prefiere a sus más íntimos amigos, como Álvaro Domecq, Arruza, o 'Gitanillo de Triana', y afirma —esto que me parece importante, como definidor de quién era el hombre herido, más que el hombre de luces, el hombre de bruces, cuando la verdad es suprema:

—Me gusta torear con aquél que me estimula, es decir, que es un buen torero. Contra lo que creen mis enemigos, yo toreo más a gusto después que un compañero ha dado bien con un toro. En cambio, cuando ha estado mal, procuro no superarme.

Es una entrevista sin desperdicio, porque el 'Caballero Audaz', haciendo honor a su doble nombre artístico, el señor cordobés y el valiente preguntando, rompe el hielo de lo profesional para entrar a fondo, a pecho descubierto, yo diría que con la muleta de la pregunta desplegada, al terreno íntimo, y le suelta al torero, así como quien dice:

—Pensando que nuestra entrevista va a pasar a la historia, Manuel, querría que me dijeras cuál es la persona que más amas en el mundo.

—¡A mi madre! —se apresuró a contestar Manolete con acento hondo, profundo, cuyo impulso y ternura no pudo contener.

—¿Y a quién odias más?

—Te juro que no odio a nadie, no soy hombre de rencores. Reconozco que soy un poco colérico, irascible, pero se me pasa enseguida. Ya ves, ahora mismo me preguntas, ¿a quién odias?, y por más que busco en mi imaginación no encuentro a nadie que me estorbe.

Es un retrato desde dentro, de un valor formidable, porque está hecho en mayo y en agosto el protagonista caerá herido de muerte. Es, por lo tanto, ciertamente bueno que en este contraluz de luces y sombras, de hecho y de derecho, continuemos analizando esta larga entrevista en la que el guerrero hace balance de su vida, de su propia vida que comenzó en el barrio de San Miguel, en Córdoba, concretamente en la calle Torres Cabrera.

—No se olvide usted que el toreo es un duelo, a vida o muerte, del torero con el toro.

Es una definición intermedia, como una tarjeta de visita, las manos largas del torero daban de vez en cuando un pase de espejo, de espejo de azogue en este caso concreto. En cuanto a si alguna vez le echaron un toro al corral, el diestro asegura que, por defectos, y a petición del publico —defectos del toro se sobreentiende— más de cuarenta, pero que a él, porque estuviera mal, ni uno. Lo afirma con orgullo, levantando la fina cabeza pálida, como aplastada para una moneda, como la de Agustín Lara que tantas veces le tocó el piano, a solas o con alguien, en México a Manolete —que siempre parecía que estuviera frente a un mito de perfil. Además, Lara tenía también una cicatriz en la mejilla que casi le partía el labio. Pero no fue por asta de toro, sino por un «asunto del cuerno», por una pelea de amor a navajazos en una noche de tequila y mariachis de México —está en la historia.

La palabra muerte, en ésta y en otras entrevistas —pocas, la verdad—, tiene para el torero una solemnidad excepcional, fascinante, se regodea en ella. No diría yo que le gusta, pero no le espanta: la lidia.

—Nunca toreando, al menos hasta ahora, me vi cerca de la muerte, maestro Carretero, ni una sola vez. En otros instantes de mi vida, que yo recuerde ahora mismo, sí, que sé, por ejemplo en México, que íbamos en automóvil a torear una corrida y bajamos un puerto lleno de revueltas, con un precipicio enorme a la derecha y otro menos peligroso a la izquierda.

Tal vez esta confesión pertenecería a la ce de la carretera que también ayudó mucho, si no a la muerte, al menos sí al cansancio con el que el torero hizo el paseíllo, tres meses después, aquella tarde de Linares. Manolete cuenta que, viendo que al quedarse sin frenos, y bajando, no había más remedio que echar el vehículo hacia allí donde había menos barranco, aunque era otro el que conducía agarró el volante, en un gesto de supervivencia, y lo echó hacia el lado más suave.

—Nos salvamos de milagro y así yo pude torear esa misma tarde donde tenía firmado hacerlo. Por cierto, recuerdo que tuve una buena tarde, aunque aquella mañana estuve a punto de lo peor.

Asentía en la entrevista Carlos Arruza, alto, flaco, tal vez uno de los mejores amigos del torero en la plaza y en la calle. Años más tarde, en coche, Arruza perdería la vida —como cuento más adelante— en la carretera que va a Texcoco, la Ciudad de la Plata, donde tenía una finca en el retorno a la capital. Carmen Sevilla, a la que en su día escolté con un anillo de compromiso del torero azteca en la mano, me lloró en el hombro recordando al que pudo ser algo muy importante en su vida y que, según Carmen, adoraba a Manolete. Lo anoto al paso —deseando aquí, entre nosotros, terminar este documento que se me hace imposible por lo que guarda. Pero debo ser honesto y anotar las fuentes, condición previa en el oficio en el que estamos de contadores de historias, indispensable para seguir por el mundo con la cabeza levantada y sin escupirnos al espejo todas las mañanas.

—¿Y cuántas corridas te quedan por torear este año?

—Todas las que tengo convenidas y las que salgan. Desde luego, ya pierdo también las de Valencia y Barcelona, pero empezaré con las dos de Vitoria, después San Sebastián, Santander, Pamplona, Gijón y otra vez Santander, el veintiséis. De allí a Linares, con toros de Miura. Total, que hasta ahora tengo comprometidas treinta y dos corridas. Creo que, con unas extraordinarias que pienso torear en Valencia y dos en Madrid, llegaré a ponerme en octubre, desde aquí, en las cuarenta y tres.

A cincuenta mil duros por corrida, según sus propias palabras, a excepción de dos tardes gratis, una de beneficencia en Madrid, la de la Prensa, y otra para el montepío de la policía. Pero sólo hay que detenerse un instante, nada más que un instante, para darse cuenta de que sólo cuando llega a la plaza de Linares da el nombre de la ganadería, como quien sabe lo que dice. Es un instante dramático, sin duda, que he querido reseñar.

—¿Y después te retiras?

—Si no me retira antes un toro, cuando termine la temporada, me retiro. Y si se arregla el pleito taurino de México, allí también me despediré este año.

Se habla del pleito con México, otra vez de los toreros, amigos y cercanos, y se llega a la gran palabra, «muerte», que no es fácil poner sobre el tapete de la entrevista con un torero —y lo digo por experiencia, aunque en esa ocasión el 'Caballero Audaz' tuvo valor para hacerlo ya que el torero estaba herido. Eso sí, la palabra muerte, para los cordobeses, tiene su son, su importancia, su profundidad.

—¿Te inquieta mucho la muerte?

—Hombre, ¡pues sí!, y pienso lo menos posible en ella. ¿Para qué morir todavía cuando uno apenas se ha asomado a la vida? Que la muerte venga a su hora, bien está, pero que nos quite de la vida y nos rompa las ilusiones que tenemos para el porvenir es una pena. Eso es lo que nos inquieta, seguramente, a todos los que peleamos con los toros.

A veces —aquí entre nosotros, mis lectores, en esta ocasión los lectores del 'Caballero Audaz'— me asalta la duda de si Manolete era capaz de hablar así, con este sentido de la profundidad de la palabra, con esa cierta lírica en la expresión. Ni uno sólo de los que estaban a su alrededor ese mediodía, en el cuarto luminoso del sanatorio de la Milagrosa, están vivos. Nadie puede explicarme, y lo he intentado, si el torero de Córdoba era así, si estuvo así con su amigo al menos ese día, esa tarde convaleciente, pero tengo fe en que el escritor de Montilla haya sido respetuoso también con la forma de hablar de la leyenda. Es por eso que, a veces, me produce Manolete ese sentimiento de lo que Federico llamaba «la cultura de la sangre», lo que no se ha aprendido en los libros sino en la propia vida o, como Manolete, en la «Universidad de la Muerte».

Por último, después de quedar la próxima tarde de Santander para verle torear —aunque se escapa de una paella, al día siguiente, en la casa del camisero, a la que asistirá la 'Nena', Lupe Sino— el periodista pregunta a Manolete:

—¿Quieres leer esta interviú antes de que la publique?

Y responde el torero con clase, con mucha clase.

—Por gusto, sí; por precaución, no. Sé que has de hacer una faena magistral, como todas las tuyas, y que me dejas contento y satisfecho. Estoy seguro de tu sinceridad y tu nobleza. Ya se lo decía yo a éste —señalando a Camará— que tú eres incapaz de falsear la silueta espiritual de un hombre que se está jugando la vida todos los días y que, además, es paisano tuyo.

—Gracias, Manuel —»me limité a contestarle».

Y hasta hoy. O mejor, hasta ayer. Aún le quedaba al cronista contar la tarde de Santander, del veintiséis de agosto, apenas cuarenta y ocho horas antes de lo de Linares. Anota, entre los nombres de los que están en el hall del hotel Real —esa proa de piedra y luz sobre el Cantábrico, donde uno ha descansado más de una noche—, marqueses, grandes de España, gente de lustre que acude a verlo torear a Santander. El cronista baja del pueblo de Corconte, donde veranea y donde «también hay bellas mujeres que los trajes claros y vaporosos de la playa hacen más codiciadas, muchachas en flor que pasean en pandillas, como tímidas palomas...»

Y el cronista, aunque el torero había dicho que no se le molestara hasta las cinco, fuera quien fuera, sube a la habitación de Manolete, piso cuarto por más señas. «El torero tiene puesto su elegante pijama azul y ya está —anota el periodista— afeitado y perfumado». El torero no había comido, como siempre hacía en las tardes de corrida. También le dijo al escritor que tenía el gran deseo de quedar bien esa tarde en Santander, porque nunca había tenido demasiada suerte en esa plaza.

Es en ese momento cuando José María Carretero escribe del torero eso que se llama ahora la primicia, la exclusiva de una gran historia sentimental, aunque lo cierto es que toda Córdoba era cómplice de esta historia desde hacía muchos años.

«ESA CORNADA BLANCA, DE AMOR, QUE LLEVO EN EL PELO»

Dice José María Carretero que Manolete se va terminando de asear, con una cierta desgana, mientras comenta que está deseando que acabe la temporada para irse del todo «de todo esto». «Entonces, al alisarse el cabello, con pulcritud, a mí se me ocurrió hacerle una pregunta:

—Oye, Manuel, y ese mechón de pelo blanco, ¿desde cuándo lo tienes?

Con su característica timidez me respondió:

—Desde hace tiempo.

—Pero, ¿desde cuándo? —sabía el periodista que estaba tocando terreno íntimo, emotivo, privado, aunque lo conociera medio mundo. Pero él lo había dicho de su propia voz pocas veces, aunque aceptara, incluso, que en México lo llamaran berrendo, como clasifican a los que tienen un golpe de pelo blanco en el pelo negro.

Trabajosamente, y en un momento de sinceridad sentimental, me dijo.

—Tiene su historia. Este es el sello de esta odiosa timidez que tengo y que la gente interpreta como orgullo —con voz opaca y entristecida, como un sonámbulo, continuó—. Te voy a contar algo de mi vida que no conoce nadie. Pero nadie. Es decir, tres personas: la protagonista, Camará y yo. Mira, aunque tú no lo creas, yo estuve enamorado locamente de una mujer…

—Ya lo sé —le interrumpo— de Antoñita, de la Lupe Sino...

—¡No!, eso es otra cosa. Se trataba de un amor espiritual que me trajo de cabeza. Mi pasión por una paisana nuestra, de una gran familia de Córdoba. ¡Una mujer divina! Ella parecía corresponderme. A la familia, según me dijeron, no les disgustaba nuestra boda, pero pasaba el tiempo y mi amor se limitaba a contemplarla en silencio. ¡Esta odiosa timidez mía no me dejó jamás declararme a ella! Delante de aquella mujer me parecía estar delante de una virgen del cielo y no me atreví a na. Y pasaba un año, y otro, hasta que a mi vuelta de un viaje la encontré casada. Cuando lo supe, como te digo, me pasé ocho días llorando, ¡llorando como un niño!, y se me puso completamente blanco este mechón, como la cicatriz blanca de una cornada del toro del amor, que no se quita...».

LA CE , DE COCA.

LAS VERDADES DEL 'PIPO'.

—Rafael, tú que lo sabes todo, o casi todo, de Manolete...

—No te equivoques, Tico. Yo lo sabía todo de Manolete, como torero y como persona.

—Vale, Rafael, vale. Respóndeme a esta pregunta de una vez por todas, ¿Manolete era cocainómano?

Colocó el 'Pipo', Rafael Sánchez, la ceniza de su puro encima del platillo de la mesa que llevaba su nombre, en la plaza de las Tendillas. Hace de esto más de treinta años. En frente, la estatua del 'Gran Capitán', en mármol blanco, de la que la tradición popular cuenta que la cabeza es la del torero 'Lagartijo', que fue un gran capitán en lo suyo. El 'Pipo' me dijo, a media voz pero sin que le temblara el pulso de la memoria:

— Manolete no era cocainómano, lo que no quiere decir que no tomara coca.

Hablar de eso era, en la España de hace más de un cuarto de siglo, más que pecado, delito. Pero yo tenía que preguntárselo a una de las personas que más sabía de la vida y de la muerte —fue uno de los que le amortajó, por no decir el que le envolvió en la última sábana sudario— del torero de la leyenda. Yo había vuelto de México, de uno de mis viajes profesionales —cuando cambié de escribir la jota por la equis— y traía ya, en mis cuadernos y magnetófono, aquella verdad, dolorosa pero verdadera, que apeaba de alguna forma la limpia leyenda del 'Monstruo'. Y se la puse al 'Pipo' sobre la mesa, aquel día de primavera, en su bar, entre cigalas y cervezas. La gente iba y venía y nos miraba. El 'Pipo' era una estatua viviente, un referente de Córdoba, superviviente de muchas historias, conocedor de muchos secretos, archivo a voces de lo que había vivido y convivido.

—Mira, Manolete no la tomaba habitualmente, pero la conocía, como casi todos en su época. Se la daban, a veces, incluso sin que él lo supiera, en una copa, en un cigarro, en un taco o en una tapa. Sé que es duro de creer, pero es cierto, y hasta te podría decir que, sin ser un habitual, no la despreciaba, aunque no la pedía.

—El día de Islero, aquel veintiocho de agosto del cuarenta y siete, ¿la había tomado, don Rafael?

A veces me gustaba ponerle el don. Se lo merecía, solemne, visible desde una milla a la redonda bajo el ala de su sombrero único, entre de Capone y Armstrong, con su traje a rayas en invierno o su jipi de paja panameño en verano. Aquel impecable e implacable señorón del toreo que lo sabía todo y parecía callarlo todo también, hasta que lo contaba todo, como ese día en las Tendillas.

—Aquel día Manolete salió a la plaza entero, aunque roto por dentro.

—Su madre doña Angustias decía...

—Doña Angustias, que en paz descanse, no sabía de la misa la mitad. Doña Angustias, y que perdone, no tenía ni idea de quién era su hijo Manuel. Y no lo digo para mal, sino porque había dos manoletes, como hay dos cordobeses, el de la noche y el del día.

—¿Te refieres a tu torero, Manuel Benítez?

—Sé lo que digo, Tico, no quieras que te coja el toro. El 'Cordobés' es otra cosa, del que cuando quieras hablamos. Me refiero a los cordobeses en general, a esos que van tan serios por la calle de día pero que, por la noche, les gusta sus juergas como a nadie. El cordobés tiene fama de ser serio y respetable, y lo es en lo suyo, pero, en cuanto puede, lo que más le gusta en el mundo es irse de putas. A Manolete le pasaba lo mismo. En las casas de la noche de Córdoba, en todas o casi todas, debía haber —que ya no queda ninguna porque no son rentables—, una lápida o un recuerdo a Manolete, porque les dio mucho dinero a ganar. Hijo mío, no te olvides lo que te digo. Mira, cuando se decidía, así en frío, que aquella noche era de farra, Manolete siempre echaba por delante. No era todas las noches, las cosas como son, que él quería volver pronto porque su madre le estaba esperando, siempre, a pie de puerta. Yo le decía alguna vez: «Manolo, que a esos sitios no se va con la luz del día, que pueden verte entrar y, además, no es lógico». Pero él insistía. Bueno, cuando no había más remedio que hacerlo, había que prepararlo con algún tiempo, porque Manolete era como Dios en Córdoba. Bueno, en Córdoba y en toda España y en toda América, las cosas como son. Yo me daba una vuelta antes o llamaba por teléfono, que ya las casas de putas de entonces lo tenían —de los primeros teléfonos que se pusieron fue allí. Ten en cuenta que los que iban eran las autoridades y los que más dinero tenían— y lo preparaba todo para él.

—Yo conocí al hijo de una de las dueñas, tú sabes quién es, que me aseguraba haberlo visto subir las escaleras de la casa que regía su madre, en la estación. Había que prepararle su habitación de siempre, que debía tener los dos requisitos fundamentales: un techo de espejos y un juego de sábanas de seda negra...

—Sabes tanto como yo, pero no más, porque además era necesario que el torero estrenara —lo que se llamaba cuando lo del agua y pañito al siete, que se decía— por lo menos pañito. Y hay hasta quien afirmaba que con su letra inicial bordada por unas monjas del barrio.

A veces el 'Pipo' se pasaba de rosca, pero es el momento de vomitar lo que guardo desde hace tanto tiempo. No quiero hacerle daño al mito sino que, tal vez, con este raro resplandor humano lo que se hace, acercándolo, es más grande. A mí me gusta mucho más este cordobés serio —serio, que no triste— al que esperaba su batín de seda en casa, con aquel frasco de nardo que usaba en el retorno, cuando volvía al seno materno. Pobre Manuel, tan humano, tan rico en su amor escondido, que hasta hace poco se descubrió que en una taberna que frecuentaba en Madrid —aunque los muertos no pueden responder ni interpelar—, había una alcoba oculta con todo lo necesario, por si el torero tenía necesidad de aliviarse con alguna de las compañeras del cuadro flamenco. Niñas ricas o pobres niñas ricas. A veces de sedas y alta media negra, con liguero a ser posible, que Manolete, demostrando su buen saber y sabor, gustaba.

Las verdades del 'Pipo', a veces no del todo demostradas porque fueron sólo por él vividas, pero nunca medias verdades. Quizá hermosas mentiras que hacen más inmenso el perfil, nunca mejor dicho lo del perfil, viva moneda que nunca se volverá a repetir de este cordobés único, al que ahora una película nueva vuelve a remover en el fondo de su tumba del Sur, junto al Guadalquivir. Manolete, ya enterrado junto a su madre, como el quería, como ella deseaba; aunque de los dos, como comprobó personalmente en un día de lluvia dolorosa el torero Victoriano Valencia, sólo quedaban un puñado de huesos y una bolsa de cenizas.

Yo había conocido al 'Pipo', digamos que en el cincuenta y siete. Hay un libro mío, y suyo, que lo recuerda. Se llama «Oro y barro del Cordobés» y esta editado por Plaza y Janés. En él se cuenta lo de aquel día que conocí al 'Pipo'. Éste es el relato.

Estábamos, por entonces, en los comienzos de la Televisión Española, aún en blanco y negro, en la avenida de la Habana, cuando la gente de la calle aún confundía una antena de televisión con un pararrayos y la audiencia la controlaba, la suya, el General Franco desde el palacio del Pardo. Así, como les cuento. Teníamos, entonces, «Cuarta Dimensión», un programa para minorías que ya era un alarde, porque hacer algo para las minorías de las minorías era suicida. Lo presentábamos, lo escribíamos y lo cobrábamos —si bien escasamente, las cosas como son, cincuenta duros de entonces por barba— Yale, un excepcional reportero cordobés que algún secreto me contó de los que hoy aquí cuento, Felipe Navarro y este cronista que les narra la historia al revés de Manolete. El programa lo dirigía Eduardo Delgado, un gran periodista, flaco y serio, que hacía posible el que encontráramos aquello que nadie quería, desde las películas de la silla, que llegaban del Canadá de Mac Laren, a la otra personalidad de los famosos, la oculta. La cara y la cruz de personajes aún no famosos, o ya populares, que iban emergiendo en las procelosas aguas oceánicas de la censura y la libertad de expresión —que la sufrimos en nuestras propias carnes, entre otras razones porque atentaba a nuestro bolsillo y a nuestra vieja hambre. Teníamos que torear asistiendo a más de un 'cocktail' que no queríamos, a más de una fiesta que no deseábamos, no sólo para contarlo, sino para sobrevivir en el milagro hasta el día después. Y un día, mientras estábamos en la tele de la avenida de la Habana, concretamente donde teníamos nuestra oficina, en una esquina del bar de la institución, sonó un teléfono.

—Me llamo Rafael Sánchez, 'Pipo', y tengo un personaje para vosotros. Dejadme que os tutee porque soy mayor y, además, soy andaluz y paisano de Felipe, al que he visto crecer en Córdoba. Tengo una criatura única que sé que os va a gustar y os va a dar mucho juego.

—A ver, nos cuenta.

—Se llamaba, hasta hace poco, el 'Renco', ahora Manuel Benítez, el 'Cordobés, y va a darle la vuelta al mundo del toro.

Es el más valiente que ha parido madre. Viene del hambre y de la cárcel. En la plaza está más tiempo en el cielo que en el suelo y responde a todo lo que le pregunten. ¿Queréis conocerlo?

—Queremos. Pero ya. Hoy mismo.

—¿Habéis comido ya, paisanos?

—Todavía no —podíamos haber añadido, ahora que recuerdo, «ni hoy, ni nunca; bien, bien, lo que se dice bien...» Pero tampoco era para matizar, las cosas son como son.

—Pues os espero a las tres en la Tropical de Peligros, esquina a la calle Alcalá, en la cervecería, que hay además buen marisco... Os voy a presentar al personaje. Me lo vais a agradecer de por vida.

Y así fue, en efecto. Hagamos el relato corto. En la esquina del espléndido bar estaba esperándonos el sombrero único de Rafael Sánchez, el 'Pipo', y junto a él un campesino duro y rudo escapado de un cuadro de Zabaleta: flaco y huesudo, con una sonrisa abierta. Una sonrisa seria, diría yo —que inmediatamente anoté en mi recuerdo y que me ha servido de mucho tiempo después—, como quien lleva una navaja entre los dientes... Un tipo duro y nuestro.

En la mano que nos dimos aquel día, aquel mediodía, ya caminando hasta la última mesa, aprecié el callo agrícola; más que del que trabaja la tierra, del que menea la naranja para comer. Llevaba un raro mechón de pelo levantado sobre la frente, que después sería un flequillo de oro. En el tiempo de los Beatles, el nuestro, ya le habíamos visto en una becerrada cerca del Pardo, con Matías Prats —compañero y maestro de oficio en la radio y en la televisión—, en un festival exclusivo para el Jefe del Estado, que quería conocer a aquél del que todo el mundo hablaba. Fue cierto que ese día —está en el archivo glorioso—, anduvo más por los aires que por la tierra, porque allí, en el ruedo improvisado, no había albero todavía.

Fue la apoteosis de la cerveza, de la gamba. Nos moramos, hay que reseñarlo. El 'Pipo' se encargó de contarnos todo lo que valía aquel personaje con una camisa cerrada al cuello, como los viejos campesinos de León Felipe, que nos miraba con ojos muy abiertos, como el que quiere decir: «Ay, si yo les contara...» Pero no hizo falta. En un momento en que al 'Pipo' le llamaron por teléfono, aquél que luego sería leyenda, leyenda viva, nos miró de arriba abajo, como si ya estuviera en lo alto, y me puso una de sus dos manos de obrero del hambre encima. Ya había estado en la cárcel. Había sido apresado por la policía armada, de capote gris, cuando quiso ser maletilla en la plaza de toros de Madrid. También había referencias de él en otras comisarías y cárceles de España, entre ellas en Alcázar de San Juan, donde había dormido más de un día junto a uno de sus personajes cercanos. Todo salió después en la película que le hicimos —yo fui el guionista—, «Aprendiendo a Morir», mucho antes del «Llevarás luto por mí», de Dominique Lapierre, que ahora se quiere llevar al cine. El rural, con esos ojos incluso hoy inolvidables para mí, el «Cordobés», que hasta ayer era el «Renco», me dijo, con aquella voz suya del Pele a las cuatro de la mañana:

—Sabe usted lo que le digo, que no le haga mucho caso a don Rafael. Usted hable bien de mí que yo cortaré las orejas.

Y la verdad es que las cortó todas, empezando por el ruedo cuadrado de nuestro programa. Fue una de las grandes revelaciones de «Cuarta Dimensión». Aguantó el primer plano como pocos —sospecho que el documento estará en la videoteca de la tele, aunque han borrado mucho, al menos de lo mío— y lo cierto es que, con su inconfundible acento de jornalero del Sur, gritó grandes verdades a media voz y ofreció la cuarta dimensión de su cuerpo y de su alma.

Le regalamos un muñeco que entonces ofrecíamos para corresponder en algo a nuestros invitados. Se llamaba don Decibelio y era un monstruo de trapo, especie de dinosaurio, telesaurio, verde, en pie, con unas antenas en la cabeza, horroroso, pero muy solicitado. No sé donde estará el mío ni el de Benítez, que luego fue mi compadre porque me bautizó un hijo, Salvador, y me enseñó casi todas sus casas, desde Villalobillos hasta las Tiernas. En ellas vi fotos, preseas y cabezas de toro, aunque nunca la de aquel monstruo que nos habría recordado el día en que le conocimos más.

Así iniciamos, también, nuestra amistad con el 'Pipo'. Luego tuve la ocasión de estar más cerca de él, incluso dentro. Me explico. Íbamos juntos el día que Benítez, el 'Quinto Califa' ahora, estrenó su primer coche americano. Desde luego, de segunda mano.

—Vamos a ver lo que dice ahora el sargento de la Guardia Civil, ése que siempre me cogía robando naranjas, cuando pasemos por la casa cuartel con este cochazo.

Incluso el 'Pipo', al llegar a la altura de lo que iba a ser noticia, le dijo:

—Toca el pito, 'Cordobés', para que se enteren de una vez de quien eres.

Salió el sargento y le saludó con la mano en el tricornio. El Benítez sonrió con su media sandía y nos fuimos encantados. También iba este cronista cuando el 'Cordobés', después de ver como le saludaban los segadores de la Baja Andalucía, que agitaban las manos con el guante postizo de cuero —a mí me recordaba a las estampas de los cuentos primarios de los obreros del campo del Marqués de Escarabás en el «Gato con botas»—, al llegar a Algeciras desapareció unas horas. El 'Pipo' masticaba el cigarro habano.

—A ver dónde se ha ido este pájaro...

El «Cordobés» volvió en silencio, con un paquete en la mano.

—¿Y eso?

—Na, un regalo para los segadores que hemos visto y que me han saludao, que deben estar pasando mucho calor, los pobres.

Al llegar a su altura, de regreso —en la mitad del verano, el gazpacho y las chicharras, que traíamos de Algeciras, además, las orejas del toro envueltas en un papel de pescado—, el torero paró el coche en la cuneta, les llamó a voces, y cuando ellos se acercaron con el sombrero en la mano:

—Ea, tened, para que podáis aliviaros del calor. Es un ventilador de pilas.

Y seguimos camino. Eso no había sido un invento del 'Pipo', pero era carne para la leyenda. Yo estaba allí para contarlo. Tenía periódico, Pueblo, radio, la Ser, con Bobby Deglané, y la televisión. El 'Pipo' relajado, contando dinero. Balañá le llamó inmediatamente después del programa de la tele para interesarse por aquél, con la cara de hambre, que decían que toreaba. De la misma forma, después de hacer aparecer por vez primera a Marisol en la misma tele, en el mismo año, como Pepa Flores, al acabar de cantar la llamó por teléfono el productor Carlos Goyanes para ofrecerle un contrato. Cosas que uno debe contar al filo de la vida, al filo de la muerte, siquiera para que se conozcan, que uno no tiene más que una vida que contar. Recuerdo que el 'Pipo' me dijo:

—Y cuando quieras saber cosas que nadie ha contado de Manolete me lo dices, que vas a enterarte de lo que vale un peine. Porque no es oro todo lo que reluce.

Y me lo iba dejando caer poco a poco, en el barro de lo diario, como un oro escaso y verdadero. Y yo, en la noche, lo anotaba, brizna a brizna, como quien guarda un tesoro para el día de mañana, para cuando se pueda.

—No te olvides que no había nadie como él. Que sepas que las niñas que estaban bordando a la puerta de sus casas, en el barrio de Santa Marina, sabían que llegaba el torero, a la caída de la tarde, porque le olían de lejos: «Ya esta aquí el torero, ya huele a Manolete». Se arreglaban el pelo, levantaban la cabeza y le veían pasar, siempre haciendo el paseíllo, fuera la hora que fuera, como si llevara un capote de paseo invisible envolviendo su cintura, derecho, el largo brazo suelto, en curva, sin que sonara otra música que la de su corazón cuando ya su pasodoble era una copla popular, de boca en boca, como su propia vida, como su propia muerte:

—Buenas noches, niñas.

—Buenas noches, don Manuel.

Nunca iba solo y siempre de traje cruzado, que se lo hacía un sastre por el que tenía especial querencia. Siempre planchada la raya del pantalón, el zapato limpio de limpiabotas, de betunero, que los mejores estaban en los cafés de Córdoba, esos que hoy mismo, vestidos de negro —que es su uniforme de invierno y de verano— te dicen:

—Sí, señor, yo limpiaba los zapatos de Manolete. Incluso quería llevarme con él en la cuadrilla.

Un día, y termino el relato del 'Pipo' como persona que estaba ahí, en vivo y en directo, para contarme, contarnos, trozos sueltos de Manolete, a veces como un pañuelo de sangre. 'Pipo' abandonado a su propio destino antes de escribir el libro que le editó, por cierto, Espasa, con todo su dolor y su horror dentro, rompiendo y matando antes de morir —libro que me cuentan que casi tuvo que vender mano a mano, teléfono a teléfono, puerta por puerta. Le veo ahora mismo aquel día, al atardecer, por la calle Islas Filipinas donde él vivió y donde vivía su hijo, cargado de hombros, cargado de nombres, sombra de lo que fue y yo que, cobardemente, apreté el paso de mi coche camino de alguna parte.

Aquél que un mediodía —el que tanto me hablaba de Manolete, el que vivió con él su último viaje—, tuvo que ser llamado, al mínimo comedor de mi casa de Doctor Esquerdo, para dar cuenta del seiscientos que me había regalado el cordobés —o sea, del que se comprometió a pagar las dos mil letras del vehículo y no había pagado más que dos, y servidor y su esposa tuvieron que abonar hasta el final de la cruenta historia sin que el cordobés lo supiera.

Recuerdo también al 'Pipo' esperando el ascensor que había de bajarle desde el ático al suelo, frente por frente a la casa en la que vivía Manuel Benítez, y donde tenía su propio garaje que alquilaba, en el barrio de la Estrella. Parece que le estoy viendo cuando me ofreció una compensación que necesitaba, que quizás necesitábamos los dos, él y yo. No ya en lo económico, sino en lo vital, en eso que conforma la piedra de riñón de la vida de un ser humano.

—Ay, el día que pueda yo escribir de verdad la vida de Manolete... Podríamos hacerla juntos. No tendríamos necesidad, ni tú ni yo, de pasar un mal rato como éste, porque el dinero es un hijo de puta.

Pero la distancia es el olvido y cada uno seguimos nuestro camino. No sé sí para bien, él contó a medio mundo lo que sabía de Manolete.

—Si vieras, Tico, ese Manolete tendido, desnudo como su madre lo parió, con aquel monte de Venus blanco, canoso...

—Rafael, don Rafael, que el monte de Venus sólo lo tienen las mujeres.

—...y aquella uña negra, lo único negro en todo su cuerpo blanco, del dedo gordo del pie derecho...

—¿Una uña negra?

—Sí, la huella de un toro que le pisó en México. Siempre quería quitársela. Me decía:

—A Lupe no le importa, pero a mí sí, y en cuanto que me corte la coleta...

—Usted nunca se cortará la coleta, Maestro.

—Tendré que hacerlo, aunque no me la corte... Yo no estoy viviendo, 'Pipo', yo estoy aguantando. Siempre digo que parece que la gente en la plaza lo que quiere es verme muerto, que me coja el toro. ¿No te da esa impresión, Rafael?

—¡Qué cosas dice usted! ¿Le enciendo un cigarro, Maestro?

— Sí, pero que sea normal, un Philip Morris, como a mí me gusta, sin nada dentro.

AUTORRETRATO. ANTES DE QUE LLEGUE LA QUE ESPERO.

Este soy yo, Manuel Rodríguez Sánchez, también llamado Manolete, aunque ese es mi nombre de pelea, del oficio. La verdad es que no me gusta, no, no me gusta que me llamen Manolete. Siempre me pareció ridículo, como si me hubieran puesto un mote que arrastro desde que era niño. Aquí estoy, frente al espejo, a esta hora en que me miro, a las tres y cuarto de la tarde —espere que consulte el calendario con San Rafael que tengo encima de la mesa: hoy es veintiocho de agosto y me tengo que vestir de luces para salir a torear. Sé que estoy en Linares, que a veces ni sé donde amanezco. Esta habitación, sin embargo, ya la conozco de otra vez que vine hace un año. La recuerdo porque atropellé, sin querer, a una niña. No sé que habrá sido de ella, aunque hoy mismo me tengo que enterar como le va.

Sé que voy a hacer el paseíllo que, por cierto, no sé por qué se llama 'paseíllo' —a veces se me nota que soy cordobés, filosofo un poco—, si lo que se hace de verdad es el paseo de la muerte, que no es lo mismo. No me gusta usar la palabra muerte, pero está uno tan cerca de ella que no hay más remedio que plantarle cara y llamarla con su nombre y su apellido.

Hace un rato hablé con mi madre por teléfono. Me dice que sigue tan bien, en la casa que le tengo alquilada en San Sebastián. Mi madre se merece todo lo que yo haga por ella, siquiera por lo mucho que ha sufrido. Aquí, entre nosotros —frente a frente en el espejo, que tiene azogue en las esquinas, seña cierta de que el hotel Cervantes no es de ayer— no sé si mi madre quiere que me corte la coleta o no, porque nadie como ella, madre de toreros, hija de toreros, esposa de toreros, para saber lo que se sufre. Pero ella también sabe que si dejo esto —que lo estoy deseando—, no sé que haría después, porque esto es lo único que sé hacer en el mundo, torear. Mi toreo no tiene secretos y si los tiene, es sólo éste: estar cerca y quieto, y después lo que Dios quiera.

A propósito de Dios, he dicho que no llamen a la puerta ni por teléfono hasta que llame al mozo. Después vendrá todo el mundo, que nadie sabe lo importante que es para un torero, a estas horas, el estar solo, con él y sus pensamientos. La hora de la verdad, en el fondo, es ésta, cuando quieres estar contigo a solas y, como mucho, ante el espejo.

Hoy —esta mañana, porque anoche llegué cansado, muy cansado— he vuelto a escupir sangre. Me preocupa. Si me miran se van a llevar un disgusto y, sobre todo, mi madre. Por eso no digo nada, aunque sigo fumando. Los pañuelos que mancho los echo directamente a la taza del retrete, rotos, para que no se atranque. Yo sé que la culpa la tiene esta ansia de fumar que siempre tengo. Los rayos me los han puesto alguna vez, pero me imponen mucho. Así que, cuando llegue otoño, igual me atrevo a dejarlo, que sé que no es bueno. Siento que me suenan los pulmones y me tienen dicho que cuatro paquetes diarios, aunque sea de lo mejor, inglés, es mucha tela para un solo cuerpo. Además, yo no me olvido que no hice la mili como debía porque era estrecho de pecho y eso, la verdad, no se arregla con los años, por mucha gimnasia que hagas en la plaza y en el campo.

En cuanto a Lupe, la 'Nena', sé que algunos la quieren y otros la odian. Me preocupa, me sigue preocupando que haya toreros que por ahí vayan diciendo que se han acostado con ella, como Domingo Ortega. De Luis Miguel no me atrevo a decir nada, aunque como yo soy de los toreros que llevan a la plaza sus problemas, pues él sabe que yo lo sé. Pero bueno, ésa es mi vida y no tengo otra. Por eso siempre pienso que lo bueno de retirarme de todo esto sería que Lupe, la 'Nena', se vendría a vivir conmigo para siempre. Y más se vigila de cerca que de lejos. Soy muy celoso, como buen cordobés, sí señor; y siento que al cumplir los treinta, que es más o menos la edad de Cristo, tengo que frenar un poco. No son los treinta de otro, aunque digan que tengo treinta millones de pesetas. De eso sabe más que nadie mi apoderado. Yo ni preguntarle quiero, aunque sí sé que hoy me voy a llevar cincuenta mil duros, más que ningún torero se lleva en el tiempo que vivimos.

Sé que estoy tuberculoso, lo sé, y sé que en Santander, el otro día, se me vino una tos en el callejón que menos mal que estaba a mi vera don Antonio Bellón, al que tanto quiero y tanto sabe de mí. Me prestó el pañuelo que llevaba en el bolsillo de su chaqueta, menos mal. Me lo guardé entre el chaleco y la taleguilla. Bellón se dio cuenta: «Démelo, Maestro. No se preocupe, que es mío y quiero tenerlo.» Pero yo le dije que no. Parece que no tiene importancia, pero la tiene, porque un pañuelo con sangre del pecho es un secreto que sólo yo quiero guardar. Ni la 'Nena' lo sabe, y mi madre menos, aunque siempre que puede me registra y me tira, o se lleva, para dárselos a mi sobrino Rafael, los cigarrillos que me encuentra.

Además, me preocupa poco lo que pase. Lo que está escrito, escrito está. Si tengo alguna ilusión es la de pensar que me queda menos para no tener nada que hacer, aunque sé que me voy a aburrir como un perro. Además, Dios para eso está. Me tiene que ayudar, aunque no soy muy creyente. Pero creo en él, siquiera porque alguien tiene que deshacer tanta cosa mala que hay en el mundo.

Me resbala por el pecho, por el canal del hueso hundido —tengo eso que se llama pecho de lobo—, una gota de sudor. Pero es lo natural. Esta mañana casi no he comido y anoche, en la carretera, en el parador de Manzanares, lo de siempre, justo para seguir adelante. Sí, me agradó mucho el poder conversar de todo, o de casi todo, con Bellón mientras detrás, en el asiento trasero, dormían, o hacían como que dormían, don José y el mozo de espadas —aunque sé bien que Camará duerme siempre con un ojo abierto y sé que al mozo no le gusta la 'Nena', a la que siempre que puede llama la serpiente, que es una palabra que no se puede pronunciar, menos a esta hora y en el Sur, y por un cordobés encima. Pero hablamos mucho, desde Manzanares a Linares, aunque yo llevaba la ventana del coche levantada y esos coches americanos más que correr, vuelan. Yo le dije a Bellón lo que Bellón quería escuchar y también lo que podía escuchar Camará. Es lógico, porque no quiero darle ningún disgusto a mi madre, ni uno sólo. La pobre se me va quedando ciega, poco a poco. El otro día, en el Norte, me hablaba y me pasaba las manos por la cara, y a poco se me saltan las lagrimas.

Así que éste soy yo, que estoy en los huesos, cubierto de dinero y de soledad al mismo tiempo. José Vicente Puente me ha dicho que está escribiendo un libro sobre el amor de la 'Nena' y el mío, pero sobre todo el mío; y don Ricardo Hito me ha pedido una barrera para estar esta tarde conmigo. La verdad es que le quiero mucho, a don Ricardo, que además de dirigir 'Dígame' fue el que me puso de nombre 'Monstruo', que me gusta tanto, más que Manolete. Viene también esta tarde el 'Caballero', como le llamo a don Álvaro y me han dicho que la corrida —que por lo visto no me correspondía torear a mí— es de Miura. Los Miura me dan un cierto escalofrío, pero lo peor, lo peor de todo, lo que más daño me hace, son las cornás sin cuerno, esas que dan desde el tendido los espectadores, que en muchas ocasiones se convierten en hijos de puta. Sé que a uno se lo dije, con las orejas y el rabo en la mano, y sé que a otro lo cité para cuando acabara la tarde. No sé a donde fue, pero lo cierto es que le esperé toda la tarde a la puerta del hotel, por si venía.

Se va acercando la hora. A veces he pensado salir a la plaza con dos algodones en los oídos, aunque sé que me perdería lo bueno. No sé si compensa. Allí lo oigo todo ampliado y, sobre todo, sobre todo, cuando se meten con mis hermanas y dicen de ellas cosas que no son verdad. Si por mí fuera saltaría el callejón, con el estoque en la mano, para cargarme al que arremete con la palabra contra mi honor y el de los míos.

Sé que no es hora de hacer balance. Además, Linares es una plaza más o, según se mire, una plaza menos. Hombre, si acaso tiene para mí lo de la niña a la que atropellé y que llevé al hospital para que le hicieran una cura de urgencia. Total, sólo un susto. Me he ocupado de ella. Don José la tiene entre sus obligaciones, que son las mías, pero creo que le dije —y ahora no sé por qué se me viene a la cabeza aquel día, en aquel hospital tan limpio, que me gusta tanto, aunque no sea hora de pensar en hospitales— «no me importaría volver un día para recibir las atenciones de estas monjitas tan buenas». Si acaso hoy, temprano, le tengo que decir a don Álvaro —que le gustan tanto estas cosas, será buena señal— que me lleven no a hombros, sino a pie.

Hoy, esta mañana, alguien ha dejado un sombrero sobre la mesa. No era cordobés, sino de ala flexible, como los que a mí me gusta llevar. Pero duró poco la maldición, porque estaba ahí, sobre esa otra cama. Miré al mozo, el mozo me miró a mí, y de golpe me lo quitaron de encima.

Tengo aquí ya, esperándome, el traje rosa que tanto me gusta. Es un color que me da suerte. A mi madre le gusta mucho y a la 'Nena', por supuesto, también. Mi madre dice que me favorece a la cara y que me hace más joven; la 'Nena', que le gusta verme de luces. Nada más volver de la plaza, a puerta cerrada —sé que le va a gustar—, le tengo que pedir al fotógrafo Canito —que me dicen que viene, que está haciendo trasbordo en la estación cercana de Linares Baeza—, que me haga una foto en el burladero, esperando. Quizá no, porque ahí se nota todo, las ojeras se hacen más grandes y yo tengo ojeras para regalar. Así que mejor haciendo el paseíllo, aunque sé que es cuando más serio estoy, sobre todo porque conozco la responsabilidad que tiene uno con su público. Él es el que nos hace y nos deshace, el que nos quita y el que nos pone, al que todo se lo debes. A veces ha reunido el dinero quitándose el pan de la boca para venir a verme torear. Así que, para mí, son todas las plazas lo mismo, por pequeñas que sean. Tanto es así que lo último que pregunto, si es que pregunto, es si la enfermería de la plaza merece la pena y está a punto. Aquí me encuentro más tranquilo, en cuanto a esto se refiere, que el doctor Garrido, al que he saludado esta mañana, es un médico de oficio que tiene en las manos la sabiduría de quien ha estado mucho tiempo de cirujano militar en la guerra. Y esto, en el fondo y en la forma, es eso, un combate...

A veces sonrío, como ahora. A mi madre le preocupó mucho que tuviera blancos los cojones y, aunque no me lo dijo así, me lo dijo. El 'Pípo', que es tan sabio, me ha confesado que él lo arregla eso —porque es mal de muchos— con un tintura que venden no sé donde y que me va a traer un día de estos. Hombre, no me gusta tintarme mis partes, pero mejor que parecer un viejo de ochenta años...

Mis medallas, mi San Rafael... Mi Dolorosa que no me falte, cosida al pecho, y ahora que entre cuando quiera el ejército que espera. Sé que están ahí, al otro lado de esta puerta, esperando para entrar, los escucho hasta cuando callan. Pero primero el mozo y después don José que, como siempre, quiere atarme los machos. Lo hace siempre y a mí me gusta, aunque me produce un cierto desasosiego verle de rodillas delante de mí, así que, en cuanto lo hace, le pido que se enderece. Además, siempre lo retratan así y eso me emociona un poco. Pero a él le va y yo se lo admito y se lo agradezco. También me ha pedido don Álvaro que a ver cuándo me confieso, que por poco que se tenga siempre se tiene, pero a mí me da lacha hacerlo, no sé por qué; y eso que tengo buenos amigos, sobre todo en Córdoba, que son curas y a los que ayudo mucho, que siempre tiene uno cosas que descargar.

Hoy no quiero tomar nada, si acaso un buchito de un agua que hay aquí cerca, de esa que nace en las fuentes del Guadalquivir y que, aunque tiene un sabor malo —ya la he probado antes— es muy buena para la colitis. La Lola me ha dicho, hace cuarenta y ocho horas, que me tengo que tener en cuenta, así me lo ha dicho. Pero también me aseguró que los tísicos son los que mejor hacen el amor del mundo, y si lo dice la Flores...

En cuanto a la confesión pues, ¡ea!, lo haremos; pero esperaré a Córdoba, sin prisas, que allí siempre me dejarán menos penitencia, porque un paisano es un paisano. La verdad es que tengo pocas cosas de las que arrepentirme, si acaso de que mi madre no sepa todavía, del todo, que lo de la 'Nena' ahí está y que va a seguir estando. No me atrevo a decirle que con ella o sin ella, porque la 'Nena' me da mucho gusto y, además, hace muy bien su papel, que en esto hay que estar muy atento. La novia de un torero debe comportarse como la novia de un torero y, además, la novia de Manolete, pues con más responsabilidad...

Así parezco un poco ridículo. Se me ve la uña negra del pie, por la pisada del toro de México, y algunas de las condecoraciones del oficio, que si me dicen ahora mismo que cuántas son no las he contado nunca, aunque sí sé de donde proceden, una por una, con pelos y señales... Por ejemplo —ya que estoy haciendo recuento—, este morado de la pierna izquierda fue en Villamarta, en Córdoba, la primera, que muchas todavía duelen cuando cambia el tiempo. Ésta es de San Sebastián, en la ingle. Casi ni se ve, pero si me la toco se me nota el pliegue. Aquí la de Tasara, que me dio un tabaco bueno. Parece nada, pero me tuvo cuatro tardes sin torear, un muslazo que da susto.

A ver, en el espejo, de cuerpo entero. Rápido, para no entretenerme, que van a llamar a la puerta y... O igual entra el mozo, que tiene llave y es el que entra donde yo esté, sin avisar, incluso cuando estoy con alguna nena. Sólo después de torear, que antes no se puede castigar al cuerpo.

Ésta de Alicante, que a poco me rompe la cabeza. Valencia, Barcelona... Barcelona en la espalda. Ésa, ésa que se ve es la de Espejo, que aquí se ve más grande. Hasta cuando uno va a hacer sus necesidades la puede ver. En la cara en Murcia, concha y sierra.... En Lucena, la tierra de los velones; en Logroño. Y otra vez Valencia, San Sebastián, Toledo, Madrid, que me partió la pierna y a poco me deja cojo de por vida. Ésta es de las buenas, ésta del culo, que sólo la pueden ver los que estén muy cerca de mí —alguna se ha detenido en ella más de la cuenta. Castellón y aquí Valencia, de los toros de Galache, del Puerto; ésta de Palencia, y de Albacete. Además tengo la pierna derecha —será de tanto echarla por delante— como si fuera el trabajo de una bordadora de las monjas de Córdoba, que tanto trabajan para mí.

También otras, como ésta de Buitrago, que no fue de toro pero estuvo a punto de ser mortal de necesidad. Íbamos a Pamplona y se nos salió el coche del camino. Y en Valencia y Gijón, donde me rompí la clavícula y tuve que dejar veintidós corridas, que a punto estuve de cortarme la coleta antes de tiempo… Este cosido de una banderilla, y bueno...

México, que no lo puedo olvidar. México lindo y querido, México lindo y herido, escribe un cronista de los buenos amigos aztecas... En Torrecilla y con la capa, a mí que tanto me ha gustado la muleta y me sigue gustando, porque es donde más a gusto y más cerca me encuentro del toro. También Xaxay, en Lima, donde por cierto dejé un traje de luces como éste de hoy para el Museo Taurino del Acho —por cierto, que tengo que arreglar, en cuanto pueda, verme con Conchita Citron, que es una dama a caballo entre las mejores, que de hacerlo a pie más de uno tendría que dejar el toreo y preocuparse de su olivos. Hay más de América... Aquí, Guayabitas, que casi no se ve pero que me dejó sin sentido y no sabía donde estaba. La última, por ahora, y toco madera. Menos mal que tengo este marco de la puerta cerca... Y en Madrid, con aquel toro de Bohórquez, que salía la sangre como una fuente de este cuerpo que tiene más sangre de lo que parece...

—Ea, muchacho, ya puedes empezar a vestirme. Buenas tardes, don José. ¿Cómo está la corrida?

—Cómoda, Maestro, muy cómoda. Además, con aliviarse, podemos volver pronto a casa esta noche y llevarnos un buen taco, Manuel.

—De aliviarse nada, como en todos los sitios, siempre se lo digo. ¿Viene Miguel hoy?

—Vienen Miguel y 'Gitanillo'...

—Pues igual esta noche, si está Rafael, podemos escuchar algo de flamenco, aquí o en Córdoba, ya veremos. O en la Venta de la Sangre en la carretera, o en Guarromán, donde ya sabe que paramos a comprar unos pasteles para mi madre.

—Mejor cuando lleguemos a Córdoba, Maestro.

—Sí, porque lo bueno es que no tengo que ir a verla y podré salir a mis anchas... Pero igual ésta es tierra de buenos cantaores. ¿Sabes si está por aquí Canaleja, que dicen que prefiere vivir en Jaén porque aquí no fríen los huevos con brillantina, sino con aceite de oliva de verdad?

Se rió Manuel. A todos les gustaba cuando echaba fuera del cuerpo la escasa alegría que guardaba dentro. Y con él rieron todos los que iban entrando poco a poco, con los ojos muy abiertos; también el sobrino de Manuel, Rafael, el 'Lagartijo', que acompañaba a su tío en silencio como quien va con el santísimo. Cerró la puerta de fuera. El baño estaba cerca, al final del pasillo.

—Hola, Manolo

—Hola, Miguel.

—Suerte, Manuel

—A ver si nos vemos fuera de esto, que ahora te viene a ti, encima, lo que no está escrito en los papeles; que cuando yo me vaya toda la responsabilidad va a recaer sobre tus hombros, Miguel..

—Tú no te vas a ir nunca de esto. Tienes cuerda para rato, Maestro.

—Ya veremos, ya veremos. Suerte, Miguel.

—Lo mismo digo, Manuel, lo mismo digo.

Manolete a medias entre lo que pensaba y lo que ocurría. Hasta ahora ni una señal de Miura en su cuerpo, ni una.

—Nene, ¿sabes si han llamado de Lanjarón?

—¿Quién tenía que llamar, Maestro?

—Quién tú ya sabes, la 'Nena'.

—Sí, que suerte, mucha suerte....

—¿Y nada más?

Silencio en la habitación, en la penumbra. San Rafael sentado en la ribera de la cama espantaba el calor, con un ala en forma de abanico —permítanme esta metáfora después de la larga confesión del torero.

—Y que le quería mucho. También eso, que le quería mucho.

Cuentan que Manolete se volvió rápido, pálido, flaco, de hueso y oro.

—Eso es lo primero que se dice, hombre.

—Sí, pero como hay tanta gente...

Camará ya le apretaba los machos al torero. Llevaba Camará esa guayabera de verano, el sombrero puesto y las gafas negras como un antifaz de Dick Turpin, para que no se le notaran las heridas. Apretó los hilos de oro con fuerza.

—Don José, no tan fuerte, que me está haciendo daño. Ea, me dejan, que tengo que rezar un ratito. Sólo un segundo, que ya es la hora.

—¿Vamos andando o en coche?

—La plaza está aquí cerca. Me llevaré la montera en la mano y el capote al brazo. Total, un paseíllo más largo de la cuenta, ¿no?

Así se escribe la historia. Le vieron salir y persignarse. Ese día lo hizo dos veces, dicen. Una al salir de la habitación, otra al romper plaza en la arena. Luis Miguel Dominguín diría, está escrito, la frase para el mármol o el Internet:

«Llevaba la firma de la muerte escrita en la cara...»

La entrevista imposible
EL DÍA QUE MANOLETE CUMPLÍA 91 AÑOS.

Su sobrino, 'Lagartijo', que es un gran señor y no ha perdido su aire de torero, me dio las coordenadas de la cita: dónde, cómo y cuándo. El maestro no concedía, desde hacía mucho tiempo, ningún tipo de entrevista, pero ésta fue la respuesta a largos años de llamadas telefónicas, de citas en Córdoba, de encuentros incluso en el AVE y de más de un almuerzo —«mejor a mediodía, que si no luego, por la noche, ya sabe usted lo que pasa, señor Medina»— en el Churrasco de la Judería —«donde, por cierto, a mi tío le gusta mucho esa foto que hay en la bodega, ésa en la que está sosteniendo una copa de fino en la mano. Está muy elegante. Lo que pasa es que aquí, entre nosotros, quiero que sepa que no está hecha en una bodega de Córdoba, que sería lo suyo, sino en una de Jerez.»

—El maestro dice que siquiera por lo que ha hecho usted por él, y por lo que sigue haciendo, que bueno, que le espera el cuatro de julio en el campo. En el cortijo.»

Las lindes, los mapas de la ausencia. La memoria intacta.

—Que dice mi tío que también podíamos dejarlo para el veintiocho de agosto, que es otro día que casi celebramos más: el día que volvió a cumplir años con lo de Linares.

—Mejor mañana que pasado, Rafaelito, que estas cosas no se deben dejar un solo día.

—Pues ya lo sabe, en la carretera de Baena, antes de llegar a Espejo, en el Alcaparrón, que mi tío le estará esperando a primera hora de la mañana.

—¿Primera hora son las diez?

—Mi tío se levanta temprano cuando no torea y cuando torea también. Mejor que mejor las nueve es una buena hora. Además, verá que es cuando da gusto estar para poder charlar un rato de cosas pasadas.

—Más bien de cosas presentes, Rafael, que de las pasadas ya me sé casi todo.

—Y muchas mentiras que se han dicho. Pero, ea, si puedo voy y si no, me disculpa, que sé que tienen muchas cosas de que hablar y yo no quiero ser un estorbo para nadie, y menos para mi tío.

—¿Y como está su tío, don Manuel, de cabeza, a sus noventa y un años?

—Pues fresca como el agua de la fuente del Potro, cuando la había. Da gloria oírlo, aunque si quiere un consejo, le habla de mañana mejor que de ayer. Que el ayer lo tiene entero, dentro, no lo olvida.

—Generalmente con los toreros retirados, Rafaelito, no se tienen demasiados elementos de juicio más que para hablar de lo pasado...

—Pues usted déjese llevar, que en Córdoba lo queremos mucho. A ver si de una vez por todas se cuentan cosas que son verdad, que él además quiere agradecerle lo que usted ha hecho por él.

Sin más zarandajas; al cortijo que compró con su primera sangre derramada, con José Flores Camará de intermediario y Álvaro Domecq de albacea. Un paisaje de cereales, alcaparras y vino de vid, por supuesto, que donde hay tierra blanca y el gran río cerca es una finca de futuro. Ya lo era hace más de setenta años.

Aquí, entre nosotros, mientras me llevan hasta el cortijo de Manolete, no ha sido fácil, la verdad. Desde que al torero le cortaron la pierna en la misma enfermería de Linares —aquella noche aciaga del veintiocho de agosto del cuarenta y siete, cuando desapareció de este aire que respiramos—, el torero de Córdoba, el único, el más grande, no había querido hablar. Se supo que, tras la larga convalecencia, en un silencio de muerte, nunca mejor dicho, había preferido retirarse, de todas todas, a una de sus fincas; eso sí, cerca de su geografía. Sesenta años y un día, como en una cárcel deseada, por él mismo elegida, sin que ni una sola vez se pudiera traspasar el lindero que habían trazado, de un lado el 'Monstruo' y, de otro, la veneración popular. Sin que nada se filtrara, por respeto la mayoría de las veces. Hasta ahora que estoy aquí, por fin, magnetófono a mano, muy a mano.

—De fotos ni una y lo siento, Medina. Respetemos su deseo. El Maestro no quiere que le vean como está. Aunque se va a llevar una sorpresa, ya que está hecho un olivo viejo.

Dicho y hecho: al cortijo de Manolete. Todo el mundo sabe donde está en este tiempo nuestro, siglo veintiuno, en el que todo el mundo sabe donde está todo. Pero ni los satélites del cielo han podido conseguir siquiera una sombra a caballo —luminosa sombra por las tierras de labor. Así que, a ver que pasa. Incluso para uno que ha hecho ya más de cincuenta mil entrevistas — lo que en mi currículum sorprende a quien encuentra el dato, y hasta yo tengo que terminar haciendo la cuenta de la vieja: prensa, radio, televisión, es lo cierto que llevo los pulsos galopando—, no es fácil acudir a la cita, por fin, con Manuel Rodríguez, Manolete, el torero legendario que desapareció del mapa de lo cotidiano después de la cornada de Islero en Linares, «cuando más brillaba el sol.»

Rumores, filtraciones, fotos robadas que no respondían más que al resplandor de un ectoplasma... Pero hasta hoy nada se le había preguntado en directo, cuerpo a cuerpo. Así que, después de medio siglo, después que le cortaran la pierna a la altura del muslo, de que el torero despareciera de la faz de la tierra, íbamos a romper para este libro, por fin, lo que era un secreto a voces, un cuerpo a cuerpo con la magia de los fantasmas, un boca a boca con el misterio.

No hagamos más largo el romance. A las nueve y algo, que los caminos son de barbecho polvoriento entre tierras regadas por grandes aspersores —sospecho que de remolacha, acaso para que no sea fácil llegar hasta el mito—, veo un hombre, derecho como una vela, delgadísimo, con grandes gafas negras como las de su pasado —las mismas, tal vez— apoyándose levemente en un cayado de olivo. Está vestido de campo: un pantalón de pana dorada y una camisa abierta a través de la que asoma el vello blanco del pecho. En el rostro la cornada de espejo.

—Maestro...

Como quien encuentra a Buda redivivo, a Cristo resucitado.

—No me llame Maestro, me llama usted Manolo, a secas. Yo soy un maestro que tiene mucho que aprender todavía. Mire usted, siempre tuve mucha curiosidad por todo, así que cuando me levanto, y es una de las cosas que me tienen de pie, siempre, siempre, pienso a ver que me toca aprender en el día de hoy.

Habla con su claro acento cordobés de toda la vida, de toda la muerte, ésta, a veces, transparente.

—¿Quiere usted un café? ¿Le va bien un agua con limón como la que le puso, y usted ha contado tantas veces, mi madre doña Angustias en nuestra casa de Córdoba, cuando teníamos casa en Córdoba?

—Me hace.

El fiel criado, que siempre se dice, está de camisa azul y vaqueros, y lleva puestas unas botas de campo, de esas de los Hermanos Mohedo de Montoro, mil veces ya lustradas con la manteca del cerdo para que reluzcan más. Pero hay en ellas briznas de cereal, de surco regado, seña de que esta misma mañana ya se hizo un camino por la finca.

—Limón, Juan, pero lo trae usted en la misma jarra de mi mamá y con el mismo pañito de encaje que ella le ponía encima para que guardara el fresco. Si no hay limones en la nevera, de los que hay en el patio último, ya sabe, los luneros...

—Tengo tanto que preguntarle, maestro Manuel.

—Y yo tanto que responderle... Aunque también tengo alguna cosa que quiero saber y que quizá usted no ha dicho.

Se sienta, con cierta dificultad, en una cómoda mecedora de Castro, de palo de olivo, y coloca una pierna, la izquierda, en una especie de reposador que tiene al pie, como quien lo usa sentado constantemente. Su bastón se recoge en su regazo con un cierto amor, como un compañero inseparable.

—Lo que daría Gala —don Antonio— por tener este bastón para su colección de bastones... Aunque la verdad es que tiene uno mío, con el puño de lata, que yo usé mucho en mis convalecencias de las muchas cornadas que tuve en mi vida profesional. Se nota que tardan en lo de beber. Estarán ordeñando el limón.

A lo lejos —aquí sentado, en este porche con jazmines, con buganvillas, con damas de noche, algún geranio suelto en macetas de barro regado— se mueve el paisaje con unas vacas de engorde.

—Maestro, ya veo que lo que tiene no son toros bravos...

—Sí, señor. Sólo hay que tener, y sobre todo los toreros, vacas de carne, como por ejemplo Diego Puerta. Los toros bravos no dan más que cornás y se las dan también a los ganaderos, además de a los toreros. ¿Y sabe usted por qué? Pues porque no son negocio estos días... Hoy un toro listo para torear necesita muchos miles de duros, y me perdona que le hable en duros, pero es que no me apaño con los malditos euros.

En el ancho y fresco pasillo anterior, en el gran porche, no veo que haya más sillas para recibir a nadie. Al menos a esta hora.

—Sí, es que yo últimamente recibo a poca gente, sobre todo desde el verano del cuarenta y siete.

—Tengo tanto que preguntarle... — insisto, y parezco un becario delante del emperador Haile de Abisinia en su palacio de Adís Abeba.

—No se corte, adelante... Tenga usted en cuenta que le está preguntando a un viejo de noventa y un años, que yo nací, como todo el mundo sabe, el cuatro de julio del mil novecientos diecisiete...

—Don Manuel, dígame usted, aunque sea muy fuerte para empezar, ¿qué pasó aquella noche?

Mira a uno y otro lado y me ruega que le acerque un cenicero grande. Hay algunos de plata —probablemente mexicana, porque llevan sombreros de mariachi encima—, pero él prefiere el de barro de las Ramblas que, por cierto, ha sido usado hace poco, o quizá anoche mismo y aún no ha dado tiempo a limpiarlo.

—¿La del veintiocho de agosto del cuarenta y siete?

Saca de un bolsillo arrugado —sospecho que está fumando a escondidas, como un niño al que esperan que sea mayor para dejar que lo haga— un cigarro rubio y me indica:

—Ya no es Philip Morris. Pero bueno, a falta de pan...

Lo enciende con un pesado mechero de plata maciza en el que atino a leer: «De mí para ti».

—Mire usted, lo que pasó aquella noche lo sabe casi todo el mundo, aunque hay matices.

Don Fernando Garrido. Yo hablé con él, su médico de primera mano, el cirujano del hospital de los Marqueses de Linares...

—Se lo diré de una sola vez, por no hacer largo el cuento. Mire usted, en un momento que en la enfermería de la plaza nos quedamos solos, una brizna de segundo, él se volvió a otro médico que había con él. Los dos llevaban sangre mía en las batas blancas, sangre reluciente, sangre reciente, y Fernando Garrido recuerdo que le dijo a su compañero, mientras entraban y salían con el material de urgencia que hacía mucho ruido y tintineaba en los baches del pasillo:

—Cortarle la pierna sería la mejor solución.

—Pues hazlo, que no te tiemble el pulso, está perdiendo mucha sangre, Fernando.

—Sí, pero cortársela a Manolete es otra cosa, sería como ver a Dios con una pierna cortada.

Como me ha dicho que no, con un leve gesto, no he podido poner en marcha el magnetófono. Una pena, así que voy anotando rápido en el moleskine.

—Y me la cortaron, como usted ve. Pero dijeron a todo el mundo que no y me taparon con la manta blanca. Yo había pedido a Fernando y a su compañero que, por Dios, no le dijeran a nadie lo de la pierna, que ya tenía bastante con tener que dejar ahí mismo —yo sí que lo tenía claro— el fin de mis tardes de toros. Yo estaba dejando de ser torero, estaba clarísimo que si se salvaba al hombre, se mataba al torero. Dije que sí y me cortaron la pierna con un serrucho, allí mismo.

Se lleva una mano larga, muy cuidada, como quien mira mucho en los largos días de pensamiento, a lo largo de los años, al muñón de su ingle destrozada.

—Hicimos un juramento sin hacerlo. El doctor Fernando Garrido —que era un médico muy bueno, sobre todo en las lesiones fuertes de los huesos de los mineros y que, incluso en la Guerra Española, según supe después, había trabajado duro en la primera línea de la sanidad militar— hizo lo que tenía que hacer y punto. Lo que pasa es que, de cuando en cuando, sobre todo a finales de otoño o cuando llega la primavera, me duele una barbaridad. Pero me aguanto... ¡Estoy aguantando tanto! Aunque lo hago desde la serenidad. Los cordobeses estamos hechos de un hierro distinto, no lo olvide.

Podía haberle preguntado que dónde estaba la pierna, incluso pude haberle contado que yo había asistido, hacía muchos años, al entierro del brazo de un legionario, arrancado en una pelea de taberna de jaima, en Smara, cuando los petrolitos. Fue emocionante aquello, surrealista, pero ocurrió realmente. El legionario, vestido de gala, mordía un largo palo de jajaiba, posiblemente con algo de chocolate en sus hojas, mientras cantaba bajo el sol ardiente, en la vereda de las gacelas: «Soy valiente y leal legionario, soy soldado de brava legión...»

No fue necesario, el torero amputó y amputó con el bisturí de su silencio.

—Mi padre, como usted sabe, fue el único torero con gafas de que se tiene noticia. Y no era ridículo verlo. También podía yo haber hecho lo mismo guardándome una prótesis de hierro dentro de una media rosa, que de la taleguilla no se notaría nada, pero…

—¿Qué es lo que más recuerda de aquella tarde noche, don Manuel?

—Pues estoy de acuerdo en una cosa, sobre todas las cosas, y es que sonaba la gota de sangre que caía de mi cuerpo roto mientras me casi velaban, aunque yo nunca creí que me moría hasta que sentí que llegaba Jiménez Guinea con el plasma, maldito sea. Aquella sangre hacía, en una palangana que había en el suelo, según me dijeron, toc, toc toc, como quien se ha dejado un grifo abierto. El mío, claro. Y recuerdo también como después de la cornada de Islero, como le cuento, el toro no cayó fulminado a mis pies, como yo había deseado, sino que se fue dándome la espalda como si me ninguneara, que dicen en México, arropándose en las querencias... Eso me dio mucha rabia. Muchísima.

—¿Y supo, es verdad, que estaba allí a la puerta, esperándole, Lupe Sino, que había llegado de Lanjarón donde tomaba las aguas para verle?

—La 'Nena' estaba en Lanjarón no sólo por lo de las aguas, aunque le venían bien los balnearios —a veces se le ponía un color como verde en la cara—, sino porque nos íbamos a ver pronto y yo quería que estuviera cerca, sí, pero no dentro de la cuadrilla. Además, yo no quería que se enterara mi madre... ¡Eso le habría dado más dolor que el de la cornada!

—Sin embargo...

—Cada cual, lo he pesando muchas veces, hizo lo que tenía que hacer. Don Álvaro y Camará que no la dejaron entrar y la 'Nena'... Pues a la puerta, a esperar que la dejaran.

—¿Pero se habría casado usted 'in articulo mortis' como decían que quería Lupe?

—Ni 'in artículo mortis' ni testamento, no señor. De casarse se casa uno con todos sus sentimientos abiertos y los conocimientos claros. Lupe bajó enseguida y llegué a verla por una rendija de una puerta, pero quiero que se sepa, de una vez por todas, que yo a quien nombraba y de quien me acordaba más era de mi madre. No por otra cosa, sólo por lo que estaría sufriendo esas horas con lo mío. Lo demás no me importaba en absoluto.

—Le quería yo hacer una pregunta, don Manuel,

—Que no le pese hacerla. Hágala.

—Mire usted, un día conocí a un muchacho que cuadraba en los años con la historia y que decía que era su hijo...

Como un dardo aquella sombra luminosa se puso en pie, como de un salto. Casi me hace las cinco preguntas necesarias para configurar la redacción de una noticia.

—¿Dónde? ¿Cuándo? ¿Cómo?

—Fue en la Salud, en el cementerio donde está su memoria, don Manuel. Me di cuenta en seguida que era alguien que sabía que yo andaba en su historia, que deseaba hacer alguna confesión sobre el particular. Es más, él mismo me dijo que usted no se había ido aquel día de agosto de esta vida, sino que se lo habían llevado a una masía perdida de Italia. Se lo cuento como se lo digo, incluso me dejó un par de papeles escritos a mano, con una letra muy apretada y sin faltas de ortografía. Firmaba al final, Manuel, que fue también quien me aseguró que...

—Yo no tuve hijo alguno y bien que lo siento. Lupe lo quería, como es natural, y yo también lo deseaba, pero los tiempos no estaban para bollos, como se decía, para tenerlos. Pero después de casarnos por la iglesia, con la 'Nena', por supuesto... No le niego que a veces tenía la mosca en la oreja...

—Yo tengo una declaración grabada, en una larga entrevista en los Alburejos de Cádiz, con don Álvaro Domecq, cuando me llamó para ver si me decidía a escribir sus memorias, en la que de pronto se levantó y me dijo —se lo había contado usted— que una dama le llamaba por teléfono con frecuencia. Decía que iba a tener un hijo suyo.

—Es verdad, que me dio no sabe usted cuánta lata.

—¿Y?

—No hubo problema, la verdad sea dicha. Otro día me contó don Álvaro, que era como mi padre y no sólo en cuestiones de números, que la mujer aquella le había llamado para decirle que había sido una falsa alarma y que no había nada que temer. Así que respiré tranquilo y seguí mi camino...

El torero está tranquilo, sereno, entero. A veces se toca una cicatriz rosada que lleva, otra, en el pecho. Me hubiera gustado preguntarle, siquiera una vez, por las cinco ces de este relato, por fuera y por dentro, a aquél del que dijo Luis Miguel: «Llevaba la muerte en la cara».

Pasa con la silla puesta un caballo, cerca. Hermoso, sí, pero no tan hecho como su dueño. A veces le mira despacio, como diciendo: «Venga, vamos».

—Lo monto todos los días, o casi todos, con las dos piernas, como en los buenos tiempos. Vea.

Asoma una larga prótesis, tan sólo hasta el tobillo, calzado el pie de acero con una bota campera auténtica, no muy usada o, quizá, menos usada que la otra. Juega con dos medallas. Son las mismas de aquella noche: San Rafael y la Virgen de los Dolores.

—Le confesaré algo, Tico, antes de marcharse. No volveremos a vernos, pero quiero que sepa que a veces tengo ganas de marcharme del todo para encontrarme con todos los que han hecho de mí lo que soy. A todos para darles las gracias pero, sobre todo, a mi madre. Tengo ganas de decirle que, digan lo que digan, no me hubiera casado con la 'Nena' si ella no me hubiera dado su consentimiento.

—Pero, de verdad, Manolete, ¿quién le mató a usted?

—Estaba escrito. Mire, hay un refrán que dicen en esta tierra: «Entre todos lo mataron y él solo se murió».

Se da la vuelta y se pierde puerta adentro de la casa blanca, de una sola planta. Al fondo puedo ver que no hay una sola cabeza de toro, si acaso dos fotos con marco de plata labrada de los joyeros de Córdoba: una foto de doña Angustias y el retrato de la Sino. Pero la foto más grande es la de la madre.

FINAL

«Ni un minuto más que perder. Ahora o nunca».

El torero —treinta años, treinta millones—, de rosa y oro, entró a matar como un valiente. «En la plaza es donde, al menos yo, que no estoy sordo, escucho mejor la voz de los cobardes. Así que, ya está bien; no sé lo que tengo que hacer para mantenerlos contentos».

El estoque listo, la mano baja, la de la muleta. El toro quedón, observando, con una cierta tendencia a los chiqueros. Silencio en la plaza. Es la hora suprema, la de la verdad. Manuel, don Manuel, tan rico, tan grande, tan serio, echó todo el cuerpo adelante al mismo tiempo que tendía el acero camino de la muerte del toro. ¡Lo había hecho ya tantas veces! Pero ese día, esa tarde, Manolete pensó —y miren que es difícil pensar en ese instante: «¿Cómo hago para callar esa voz de la calle? ¿Cómo me quito de encima el sufrimiento diario del hombre que tiene el corazón partido en dos mitades?».

El estoque iba penetrando, despacio, en la carne oscura del enemigo. Pepe Luis Vázquez dijo un día: «No hay quien mate hoy más despacio que Manolete en el mundo del toro. Parece que lo hace, como se dice, a cámara lenta».

El acero iba entrando, centímetro a centímetro, poco a poco, pero en su sitio, en la medida exacta de la muerte, sin ayuda. Y al mismo tiempo: «¿Cómo hacer posible este amor que tengo que ocultar a mi madre todos los días del año? ¿Cómo quitarme, de una vez por todas, ese sin vivir de tener que vivir dos vidas al mismo tiempo? ¿Cómo espantar este cansancio que me está matando en vida? ¿Cómo descansar, de una vez y para siempre, sin tener que llevar esta cruz que llevo, sin que se me note?»

El estoque se va hundiendo despacio, despacio, centímetro a centímetro, en el morrillo de Islero, buscándole la muerte, al mismo tiempo que el cuerno de Islero, cornicorto, corniancho, le va entrando en la ingle al torero....

Como un cuchillo, como una bala...

Le va desgarrando, rompiendo todo, tanto que él mismo escucha el crujido de su propia carne macerada...

Tal vez, quizá, una última sonrisa: «Dios, ¿por qué no romper con todo para siempre? ¿Por qué debe vivir este calvario quien es un triunfador? Morir matando. Lo he dicho tantas veces...»

La mano del torero, la muñeca quieta, hasta los gavilanes. El toro y el torero cruzan una última mirada, como si se dieran las gracias al mismo tiempo: por lo tuyo y por lo mío. Ninguna de las dos mujeres, a las que tanto amaba, en la plaza. Ni falta que hacía. Un suave destello, como un ir ardiendo, vientre arriba; aún escucha el torero el último bramido de Islero. Cuatro años contra treinta, los dos en la flor de su propia historia. Le da tiempo a Manolete de ver como se va la bestia camino de donde entró, la última querencia. Ya están aquí los suyos. Escucha sus voces, incluso siente que se le ha abierto un agujero junto a los testículos: «¿Otra cornada más, torero?».

Oye con el fino oído de los que se van.

—Tápale la sangre, ¡tápasela!

Todavía el torero va y viene en el silencio tremendo de la plaza sobrecogida. Se escucha hasta el vuelo de las locas golondrinas de la tarde. Siente que alguien le clava un puño en la herida, como un tapón de urgencia. Lo llevan, lo traen... Cristo muerto en el día de la feria.

—La camisa, la camisa, rómpele la camisa.

Dos monosabios en su retina. Al fondo 'Gitanillo de Triana', color ceniza. Luis Miguel que no se lo cree, o no se lo quiere creer. La ingle, la ingle, se le va la vida por el bujero...

—¿Me han dao las orejas?

—Se las han dao, maestro...

¡Qué largo el camino de la enfermería! ¡Qué corto el camino de la muerte! Nadie sabe, quizá ni él mismo, que consiguió lo que quería: dejarse morir, morirse en la embestida, en el último momento. ¿Para qué sufrir más? Además, los cordobeses tienen ese sentido trágico, último, del adiós forzado, antes de la hora; romper con todo para no romper con nada. Lo demás ya se sabe: Séneca entrando desnudo, la túnica como un cuadro de Liébana, en la ribera del baño de mármol, los alumnos... La plaza sobrecogida. La cuenta atrás. Adiós...

Años después de aquel día, en la calle de las Sierpes de Sevilla, nos sentamos en el Bar de los Corales Juan Belmonte, Rafael el 'Gallo', Jaime Ostos y este cronista, que era casi un niño. Un planeta de sombreros cordobeses. Belmonte administrando el dinero de Rafael. Un cafelito, la memoria sobre el mármol de la mesa. Ceniza y la palabra ardiente. Don Juan Belmonte con el labio hacia fuera, como el busto del escultor Sebastián.

—Manolete se fue porque quería irse. Porque cuando uno, en esto en lo que estamos, ve que no hay más remedio, lo mejor, cuando se ve que no se puede, que te piden más de lo que puedes dar, lo mejor es aliviarse, dar el portazo.

Mordió su puro. Yo andaba aquel día buscando, además de la foto, el titular.

—¿Y entonces, maestro Juan?

—Manolete hizo lo que yo hubiera hecho en su lugar: puerta.

El 'Gallo' no estaba de acuerdo, claro. Recuerdo que bajó al servicio que había en el piso inferior, sin sombrero, calvo e inmenso, con un pañuelo de seda en el bolsillo de la chaqueta. Juan Belmonte le administraba el dinero, aunque fuera poco, aquél que se recogió con una manta en la plaza de toros de Madrid, en su homenaje. Pero no le iba a llevar también la disciplina de la palabra. Así que, antes de entrar cada uno en su lavatorio —cuando el retrete se llamaba 'wáter'— me miró de arriba abajo y me dijo:

—Tampoco hay que tener las cosas tan claras como las tiene Juan Belmonte. Si te dan mucha leña, desapareces, que tienes que disfrutar de lo que te has ganado honradamente. Mire usted, joven, Manolete era un torero valiente y honrado pero, ¿sabe usted lo que le digo?, pues que no se puede querer a dos mujeres al mismo tiempo.

Con solemnidad se abrió la bragueta, botón a botón, año cincuenta y siete más o menos —que aún no se había inventado la cremallera— y cerró la puerta de persiana. Todavía me dio tiempo a escuchar cómo maldecía a Pastora.

Cuando nos volvimos a ver arriba, de nuevo —yo pagué aquel café, como Dios manda, incluso al limpia que le dio servicio a don Juan—, todavía el 'Gallo' terminaría la faena:

—Es una y no puedes con ella, con dos, ya me contarás... Uno puede torear un toro difícil, pero lo que no se puede lidiar es un imposible. No se puede querer a dos mujeres al mismo tiempo.

En el largo viaje del tren de vuelta, repasando las notas que ahora busco y a veces encuentro, están las palabras de Rafael y el silencio de Juan. Nadie podía imaginarse que, poco tiempo después, don Juan Belmonte se quitara de en medio dándole al gatillo de una pistola de salón, después de un gatillazo de amor. También era una muerte discutible, pero a la par, quizá necesaria.

O sea, Manolete murió matando y para él se hizo verdad aquel poema de Rilke. Lo recuerdo mucho, porque escribió: «Dad a cada uno, señor, la muerte que necesita».

Un dato que no me pueden confirmar los dos protagonistas de la historia —ni el toro ni el torero— pero sí el picador, José Moreno, 'Cagancho de Linares':

«Yo piqué al toro que mató a Manolete. Yo iba de reserva aquella tarde, pero tuve que hacer mi trabajo con Islero. El Pimpi le picó como siempre, pero a mí el toro me hizo caer del caballo. Suerte que Manolete me hizo el quite con mucho gusto y con muchas ganas, aunque muy pocos recuerdan, a estas alturas de la vida, que a Manolete no le gustaba mucho la capa. Pues el toro aquel, digo, tenía un cacho de puya que el Pimpi le había dejado y que se le quebró dentro».

Un dato escalofriante todavía: Manolete escuchó claramente, en el silencio de la gran faena, cerca, muy cerca de Islero, que alguien le gritó:

—¡Basta ya! ¡Menos cuento, que cobras mucho, y a matar!

Manolete tomó al toro por un pitón, con la muleta en el suelo, y levantó la cabeza para decir lo que muy pocos escucharon:

—¿Pero que queréis que haga más? ¿Es que queréis que me mate el toro?

Y lo cuadró y lo mató. Y en el holocausto se inmoló con Islero, el gladiador con la fiera, la leyenda. Lo que aún no estaba escrito en los papeles. Los papeles los escribe la vida. El torero por un lado, el toro por otro. Fin de la fiesta.

Todavía Manolete volvió los ojos hacia la grada. Estaba quieta, llena, de piedra, el cielo gris. Pero ya no pudo decir lo que quería. «La muerte puso huevos en la herida», escribió Federico. Aún le dio tiempo, sin embargo, ya a la puerta de la enfermería —bajo la cama el orinal, revuelo de médicos y de ayudas, brazos desnudos ofreciendo sangre—, a pedir:

—Por Dios, que no se entere mi madre. Y si se entera no le digáis la verdad. Decidle que ha sido una cornada sin importancia...

LLORANDO BAJO LA LLUVIA
EL REENCUENTRO

El doce de noviembre de 1980 expiró doña Angustias Sánchez Martínez, la madre de Manolete. Iba a cumplir cien años en pocos días. Dejó de existir después de un largo suspiro a la puerta del centenario. Murió de vieja, harta de llorar, ciega, en la misma habitación donde en su día tuvieron expuesto el cadáver de su hijo treinta y tres años antes. Llovía sobre Córdoba; la metáfora de los periódicos del día.

Lloraba el cielo andaluz por la muerte de doña Angustias, que hizo honor a su nombre de pila en el momento de su adiós, vestida con su hábito de toda la vida, con el que fue amortajada; tal vez el mismo vestido, casi uniforme, con que este cronista la entrevistó años atrás con motivo de los veinte años de la muerte de su hijo en Linares. Recibió antes de morir los ultimos sacramentos de su director espiritual, don Antonio Gómez Aguilar, párroco de la Trinidad, y rodeaban a doña Angustias en el último suspiro, después de largos años de espera, todos los suyos, hijas, hijos políticos y demás familiares.

Fue en el palacio de la avenida Cervantes, aún hoy en pie, por donde los manoletistas de siempre se santiguan al pasar, donde murió doña Angustias; el palacio que su hijo le había regalado y del que tanto presumía doña Angustias. La recuerdo aquel día que me dijo: «fue un regalo de mi hijo a su madre, y aunque ya no esté conmigo, la verdad es que él está en todos sitios». Estaban sus trajes de luces, todavía alineados, en un largo armario; la mesa de su despacho, con el cristo; los sillones antiguos de señor del sur, aquel lugar en el que a Manolete le gustaba sentarse frente a la chimenea donde en muy escasas ocasiones ardían troncos de olivo, aunque Manolete ya tenia los suyos propios, ganados con su propia sangre.

Allí, en el palacio Cervantes, fue velado el cadáver de doña Angustias hasta el día siguiente, según la tradición habitual. Una casa grande, reformada por el torero, y que fuera en su día de la familia Ortega Munilla, que la vivió durante largo tiempo.

Ortega Munilla, padre de José Ortega y Gasset, escribía por entonces en El Imparcial desde la distancia, desde lo que llamaba en leidísima sección de entonces su cortijo; y cortijo era porque hace más de cincuenta años era aún paisaje de cereales y olivos, lejos aún del centro de la Ciudad de los Califas. Ahí pasé, dijo en más de una ocasión el maestro Ortega Munilla, años difíciles, hermosos, y en el cortijo escribí artículos que llenaron mi vida y mi oficio.

Después el chalet fue propiedad de la familia Cruz Conde, que se hizo de él en una subasta, y cuarenta años vivieron ahí los ilustres cordobeses, de luminoso apellido. Recuerdo también a don Antonio, que llegó a ser alcalde de Córdoba, y me puso en antecedentes de la historia de esa casa, que terminó teniendo un sitio en la otra historia, la popular, de Córdoba y el toreo. Manolete la compró en el 42, y parece que estoy viéndolo ahora mismo, don Antonio, en el ayuntamiento, las columnas romanas fuera, en pie, gritándole a la historia la importancia de Córdoba.

El monstruo pagó, y en efectivo, a través de su apoderado; luego le puso a su madre las llaves en la mano, y le dijo besándola en las dos mejillas y apretándola contra su pecho hundido:

—Mamá, lo que prometí en su día hoy puedo hacerlo realidad. Aquí tienes las llaves de la mejor casa de Córdoba.

Y doña Angustias las guardó en aquella inmensa faltriquera delantal de madre de toreros, en aquel bolsillo donde tantas cosas se guardaba.

El diez de noviembre del 80 doña Angustias fue velada en la misma sala, la principal, donde años antes y por un día fue rezado y ofrecido a la multitud, que deseaba verlo, el cadáver de su hijo Manolete. Y al día siguiente, el traslado de los restos mortales de doña Angustias al cementerio de la Salud de Córdoba, cerca de donde reposaban otros grandes toreros de su época y de su tiempo.

—Mi único deseo —lo había dicho miles de veces— no olvidéis lo que os digo, es que quiero que me entierren junto a mi hijo.

Y así se hizo. Una ceremonia poco habitual. Victoriano Valencia me la ha contado despacio —porque además de buen torero es un gran conversador—. Estaba allí porque había querido asistir como cordobés y como torero al entierro de doña Angustias, antes la misa funeral, a las cinco de la tarde. En primer lugar, enlutadas de los pies a la cabeza, sus tres hijas, en la capilla ardiente instalada en la parroquia, *de corpore insepulto,* en la Iglesia Parroquial de Todos los Santos. Llantos y cantos. El cielo encapotado de cuando en cuando derramaba el vientre de sus nubes tristes,

De la parroquia al cementerio, donde hubo que asistir a una ceremonia distinta, triste, de las que producen escalofrío. Se movió la pesada losa que con Manolete de perfil y en mármol blanco guarda los restos del torero, y de ella se extrajeron aquel puñado de huesos que cabían en la palma de la mano de alguno de los presentes. Los sepultureros, con la eficacia y frialdad de aquel para quien todos los muertos son las mismas personas a pesar de su apellido y su importancia, hicieron su trabajo —no hay que olvidar el dicho del director de los sepultureros de Madrid, somos muertos con un permiso provisional—. La de aquella capilla fue una ceremonia no frecuente, pero sí de urgencia y con las manos temblorosas; un amigo crítico de toros y periodista excepcional, que no quiere que de su nombre me acuerde, me dijo: «Yo llegué a tener el craneo de Manolete en mis manos. Recuerdo aquella frente fría, de la que salía un mechón de cabellos escasos, pocos.»

Se colocaron a los pies de doña Angustias aquel puñado de huesos de su hijo, que nadie se atreva a tocar. Doña Angustias, envuelta en su ultimo sudario; su hijo, en una bolsa pequeña guardada por media docena de imperdibles, como un paquete de nada, como una urgencia, como un nada con nada dentro, húmedo y vulgar. Aquel que fue tan grande en vida...

Cerraron la caja de doña Angustias con los restos de su hijo y devolvieron a la tierra lo que de la tierra era. Bajo la lluvia hubo algún salmo, de urgencia. Don Álvaro Domecq estaba cerca de Guillermo, el que fuera mozo de espadas de Manolete, muy leal amigo de doña Angustias por deseo expreso del torero: «tú con mi madre siempre, prefiero que estés a su lado cuando yo viaje a las Américas...». Don Álvaro, sombrero en mano, coronas de flores —una, del regimiento de Artillería donde el torero había hecho la mili—, y sobre todo gente de la calle, anónimos personajes del toro, mozos de estoque que lo fueron en su día, los hijos de Camará, el apoderado. Luto en la ropa, a veces un brazalete en la manga del abrigo, y sobre todo por fin, Manolete, que encuentra reposo definitivo porque a su muerte, mientras se levantaba el mausoleo al torero —otoño del 47— el monstruo reposó en el panteón familiar de los Sánchez de Puerta, muy amigos de la familia del que se fue.

Las tres hijas del torero, de dos matrimonios diferentes, estaban ahí en pie, mientras llovía y le daban los últimos golpes secos al mausoleo, cerrándolo definitivamente, para siempre. El deseo de doña Angustias, más allá de las últimas voluntades, había quedado refrendado para siempre. Los dos reposaban juntos, y como un símbolo, en una taleguita adjunta; el puñado de huesos del hijo al pie del gran esqueleto de la madre. Una mujer fuerte y poderosa, que se llevaba a la tumba su único deseo, «que mi hijo repose conmigo el día que yo me vaya».

Su deseo hecho realidad. Doña Angustias cerraba el ciclo de su propia historia; había llegado hasta Córdoba en un tren de cercanías a comienzo del siglo. La traía su padre, funcionario del depósito de máquinas cordobés; con veintidós años se casó con Rafael Molina, Lagartijo chico, y de ese matrimonio nacieron dos hijas, Angustias y Dolores —siempre los nombres tremendos de Andalucía hasta en los bautizos—, y aquel niño, que nació poco menos que muerto, no tuvo fuerzas ni para mantenerse en pie; doña Angustias empezó, así me lo contó aquella tarde larga e inolvidable, a vestirse de negro.

—Ya ve usted, que incluso hoy voy de medio luto, que siempre hay alguien cerca que se ha ido de nuestro lado..

Así que se le muere Lagartijo hijo, y dos años más tarde doña Angustias, que no podía aguantar la soledad de la mujer sola, cargada de hijos y de problemas, en un barrio de toreros por excelencia, donde los niños en las esquinas lo que hacían era jugar al toro en lugar de al balón, y en lugar de cometas echaban al aire la flor de sus capotes de brega iniciáticos, doña Angustias se nos casa de nuevo aún con el luto, y lo hace, «sí quiero, sí quiero», con otra figura no relumbrante pero sí conocida en el mundo del toro, el planeta en el que vivían, morían: con Manuel Rodríguez, que también era llamado ya Manolete. Se casaron en Alcolea, cerca de Córdoba, donde hoy tiene Manuel Benítez, el quinto califa, su finca de las Tiernas —donde Benítez guarda fotos y recuerdos, viejos carteles de toro y aquel documento gráfico de cuando los guardias de los capotes grises se lo llevan a la cárcel por espontáneo.

—Mi segundo marido —aquí está la memoria hablada de doña Angustias, que hasta ofrecía la vivencia sonora del abanico abierto en la tarde ardiente de agosto, y hasta el ruido, el nido del agua al caer, y hasta el hondo suspiro a veces— me dio cuatro hijos, tres hembras y un varón: Tere, Angustias y Soledad, y Manuel, mi hijo tan querido...

Manolete padre quiso ser torero. Murió y de él solo se supo en la memoria de lo taurino que fue uno de los pocos toreros, quizá el único, que se vistió de luces con las gafas puestas. Veía poco y mal.

Los que conocieron a Manolete hijo en vida, aseguran que siempre se refería a su padre con respeto, y como quien hace volar un pensamiento triste.

—Fue un gran hombre tu padre, Manuel. Lástima de su mala salud... Por eso, hijo, tienes la obligación de cuidarte.

Se fue aquella dama de hierro, que le daba en cuanto regresaba a casa, para curarle el cansancio, fósforo de hierro y huevos frescos de las gallinas, en crudo; huevos que se veía atravesar el largo camino de la garganta, flaca, con el nudo de la nuez como referencia.

Manolete aseguraba a veces, sosteniendo el pitillo en la mano, envuelto en el aire de aquella canción del humo cierra tus ojos, «mi madre es que además, y no por que yo lo diga, es una madre muy madre».

Como tantos otros había pasado de la falda de doña Angustias al corazón puesto en pie de la nena Lupe, que también era hija del hambre, del hambre del hombre, porque su padre, con su madre, habían viajado hasta Italia cuando viajar hasta fuera, pasar la frontera de Francia, ya era un triunfo y una aventura; la alcarreña que quizá como Escarlata O'Hara gritara un día de escasez junto al gran pantano, donde creció, soñando, haciéndose la trenza frente al espejo: «Juro por éstas que nunca más volveré a pasar hambre..»

El paso inmediato, la caída en vertical: ¿tuvo que ver con la muerte de Manolete, Lupe Sino? Pero este es un documento para dar más respuestas que preguntas: Lupe amó y fue amada, en todos los sentidos, en la cama y en la cima. A Manolete le encantaba tenderse desnudo, bajo el techo, la mano izquierda en la nuca; si acaso se tapaba infantilmente la uña negra de la piel blanca y, a veces, le decía a Lupe:

—Nena, amor mío. Mira que tengo el color de los albañiles en el brazo derecho, de cuando conduzco. A ver si de una vez tenemos tiempo de tomar el sol enteros, como mi madre me parió.

—Eso sólo lo podemos hacer en México, ya sabes, donde por cierto nos están esperando.

Y ahí están madre e hijo, el ultimo golpe de mármol, la última pellada de cemento, en el cementerio de La Salud. Hay días que si tengo tiempo, me sobra más que me falta, me acerco al santo lugar.El hombre de la puerta ya me conoce. El Guadalquivir pasa cerca, muy cerca. Bajo el alto puente que trae a la gente, trae y lleva, que viene del costado de Andalucía, me saluda como es habitual.

—A ver a Manolete, ¿no?

—Claro que sí, como siempre. ¿Y vienen muchos a lo mismo que yo?

—Más que nada turistas. Algunos se sientan alrededor, otros traen una flor. A mí, si es de plástico, la dejo pero no me gusta; sé que duran más, pero no es verdadero. Además hay una tienda de flores a la entrada, ya lo sabe. Pero mexicanos sí que vienen. El otro día llegó uno que dijo ser sobrino de Carlos Arruza, quien fue tan amigo de Manolete.... Y también algunos toreros ya mayores, y los de la peña Manolete, y extranjeros con mapa que señala el sitio... Yo les cuento lo que sé, pero no todo. ¿Sabe? De Manolete hay muchos secretos que guardar.

—¿Me los contaría usted a mí?

—Ni por todo el oro del mundo, señor Medina. Sé que haría usted buen uso de ello pero estando aquí te cuentan muchas cosas... Por ejemplo: ¿sabe usted que hay una señora ya mayor que trae siempre unos claveles rojos, a donde Manolete? ¿Sabe usted que a veces viene alguno que me dice «yo soy hijo de Manolete»? ¿Sabe usted que yo sé quién se quedó con un hueso de la rodilla de Manolete en el traslado de los restos?

El mito del mito. Ni su nombre me da, ni hace falta. En la parte alta de Sierra Morena, donde las últimas ermitas del silencio, visité en su día a uno de aquellos habitantes, cultivadores de habas y de rosas, porque me contaron que había un foso mayor, de las tierras de Guadix, que guardaba algún secreto formidable del torero. Subí hasta lo alto y me encontré de pronto con el hermano Francisco Solano, de Montilla por más señas, con el que bajé un día, lejanísimo, a una tumba abierta en Guadix, donde ella laboraba, azada en la mano, y le hice la pregunta.

—¿Qué sabe usted que yo no sepa de Manolete?

— Sé quién es usted, y sé que no hará mal uso de lo que le cuente, pero hice mi juramento en su día de no contar lo que sé, y en eso estoy. Mi vida vale más por lo que callo que por lo que cuento.

Labios sellados, por el tiempo y por el viento.

Me dio una estampa que conservo, junto a otras estampas que no tienen argumento.

Igual, algún día...

OTRO TÍTULO EN ESTA COLECCIÓN

b4p ensayo y divulgación

FERNANDO GONZÁLEZ VIÑAS

Córdoba (1966). Escritor, historiador y artista plastico. Ha coordinado el libro *Los Califas del toreo* y participado en el catálogo *Manolete 50 años*. Fundador de la revista *Boletín de Loterías y Toros*, es articulista en prestigiosas publicaciones de tauromaquia, ha coordinado congresos internacionales sobre el toreo y ha sido comentarista taurino en televisión.

¿Por qué, a pesar de querer retirarse de los ruedos, Manolete inició una maratoniana gira en 1947 que le abocó a la muerte en la plaza de Linares? ¿Por qué lo condenó la misma sociedad que lo declaró su héroe de posguerra? ¿Quién fue el verdadero Manolete, el cordobés castizo apegado a su madre o el artista cosmopolita que recorría el mundo con Lupe Sino?

La gente vendía sus automóviles y empeñaba sus colchones para poder ver a Manolete.

Carlos Fuentes

PRÓXIMAS PUBLICACIONES EN

b4p ensayo y divulgación

En esta obra se abarcan los frentes más importantes, todas las trincheras y todas las banderas bajo las que, hace setenta años, muchos españoles lucharon en la Segunda Guerra Mundial. Cada vez es más difícil tener testimonios directos, dada la elevada edad de los supervivientes. Aquí se recogen las peripecias de casi medio centenar de españoles que no quisieron quedarse al margen de la lucha que asolaba al mundo y en la que estaban en juego muy distintas maneras de pensar.

Se han vertido sobre Franco ríos de tinta. Sin embargo, el análisis de su Dictadura adolece del retrato de quienes compartían el día a día del personaje histórico. Esta es la gran aportación de este libro. Su autor fue durante años el servidor más cercano al dictador, testigo de anécdotas y sucesos que permanecían ocultos al ojo público. De enorme valor, personajes conocidos y copiosa documentación muestran la cara desconocida de un personaje que forma parte del pasado reciente de este país.